Estrada

# Escribir mejor

## La ortografía en uso

6

**Autores:**

Prof. Silvia Calero

Prof. Paula Galdeano

Prof. Sebastián Vargas

segundo ciclo **E.G.B.**

Esta obra fue realizada por el equipo de Ángel Estrada y Cía. S.A. bajo la **dirección** de la Lic. Silvia Jáuregui.

**Jefa editorial:** Susana Aime.
**Editora:** Laura Basabe.
**Corrección:** Clarina Pertiné.
**Documentación:** Nicolás Anguita y Consuelo Rodriguez Egaña.
**Dirección de Arte:** Arq. Daniel Balado.
**Diseño gráfico:** D.G. Gustavo Besada.
**Ilustración:** Gustavo Mazali.
**Fotografía:** Nicolás Anguita.
**Películas:** D.G. Norma Alonso y Benjamín Benítez.
**Diseño de tapa:** D.G. Gustavo Besada.

Agradecemos especialmente a los chicos que nos permitieron tomarles fotos y a los chicos que nos prestaron sus escritos.

LIBROS
LA MEJOR MANERA DE LEER.

# Índice

# Antes de empezar...

## Cómo es este libro

**Escribir mejor** se basa en esta idea: que la ortografía no debe ni puede aprenderse en forma independiente de los textos que leemos o escribimos cotidianamente. En este libro, entonces, los problemas de ortografía surgen de los textos, y aprender ortografía no significa repetir reglas sueltas, sino ajustarse a una serie de convenciones para que lo que escribimos funcione mejor. Perfeccionar la ortografía no debe ser una monótona repetición de ejercicios sino una práctica con sentido, viva, interesante.

El punto de partida es, en todos los casos, un texto de los que cotidianamente leemos o escribimos. A partir de ellos, se presentan diferentes temas ortográficos.

Después del trabajo con la ortografía, cada capítulo tiene una sección de **Taller de escritura**, dedicada a la producción de textos similares a los trabajados. Es el lugar donde adueñarse de la palabra y usar lo aprendido a nivel ortográfico y textual. La sección **Para corregirnos solos** propone estrategias y herramientas para aprender a corregir textos propios, a partir del trabajo con textos reales producidos por otros chicos. El capítulo se cierra con una página de **Comprobación**: un lugar donde comprobar (probarse uno mismo, probar en conjunto) lo que se aprendió y lo que hay que revisar. Si bien este libro es ideal para el trabajo individual o colectivo en el aula, también se puede trabajar con él en casa.

## Cómo se usa

• El **listado de los temas** tratados en cada capítulo aparece abajo del título, en la portada.

• Los **archivos** son los textos que aparecen en el libro. Hay dos por cada capítulo.

• Los **temas ortográficos** (uso de grafemas, puntuación, tildación) aparecen en las páginas que siguen a cada archivo. En ellas,

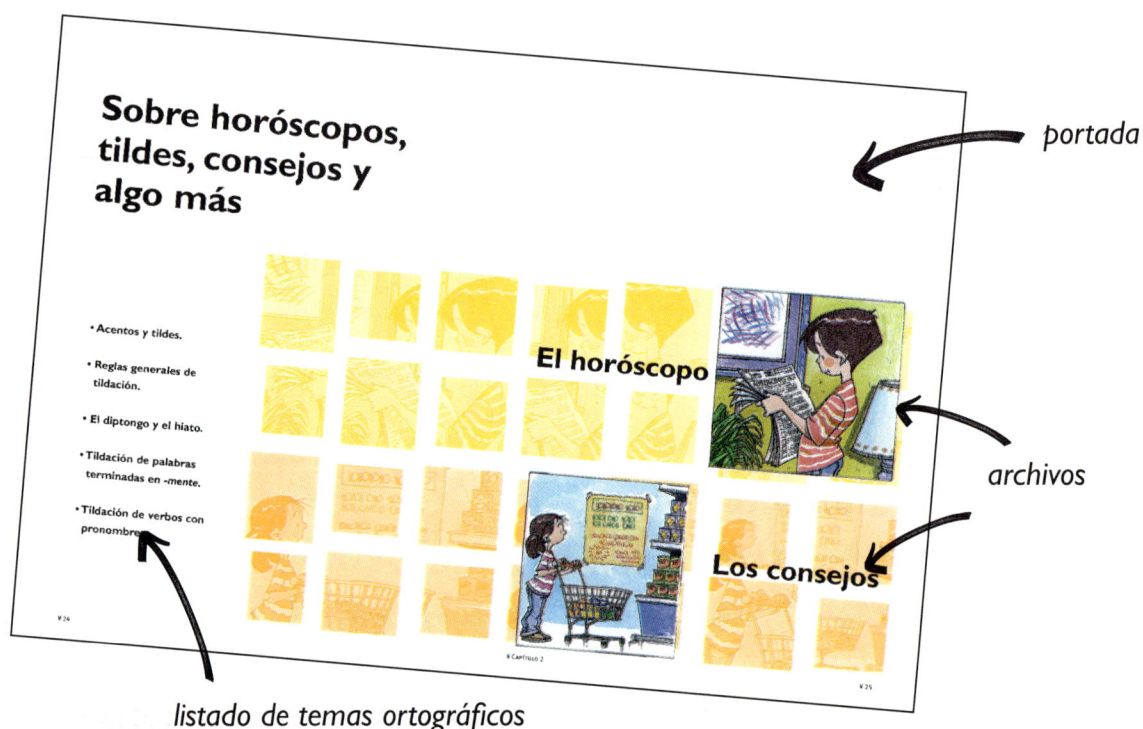

### Sobre horóscopos, tildes, consejos y algo más

• Acentos y tildes.

• Reglas generales de tildación.

• El diptongo y el hiato.

• Tildación de palabras terminadas en -mente.

• Tildación de verbos con pronombres.

El horóscopo

Los consejos

*portada*

*archivos*

*listado de temas ortográficos*

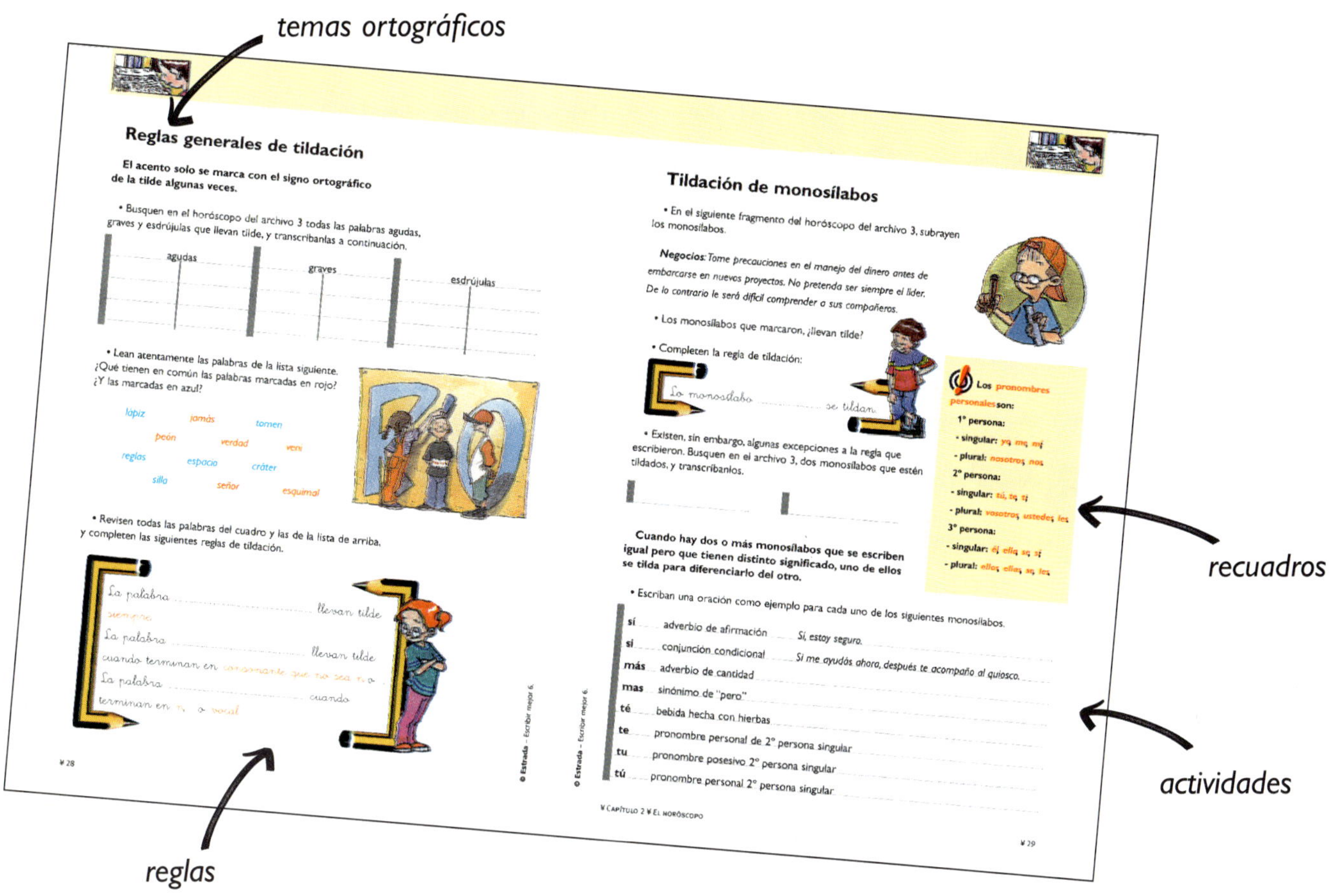

temas ortográficos
Reglas generales de tildación
El acento solo se marca con el signo ortográfico de la tilde algunas veces.
Tildación de monosílabos
Cuando hay dos o más monosílabos que se escriben igual pero que tienen distinto significado, uno de ellos se tilda para diferenciarlo del otro.
recuadros
actividades
reglas

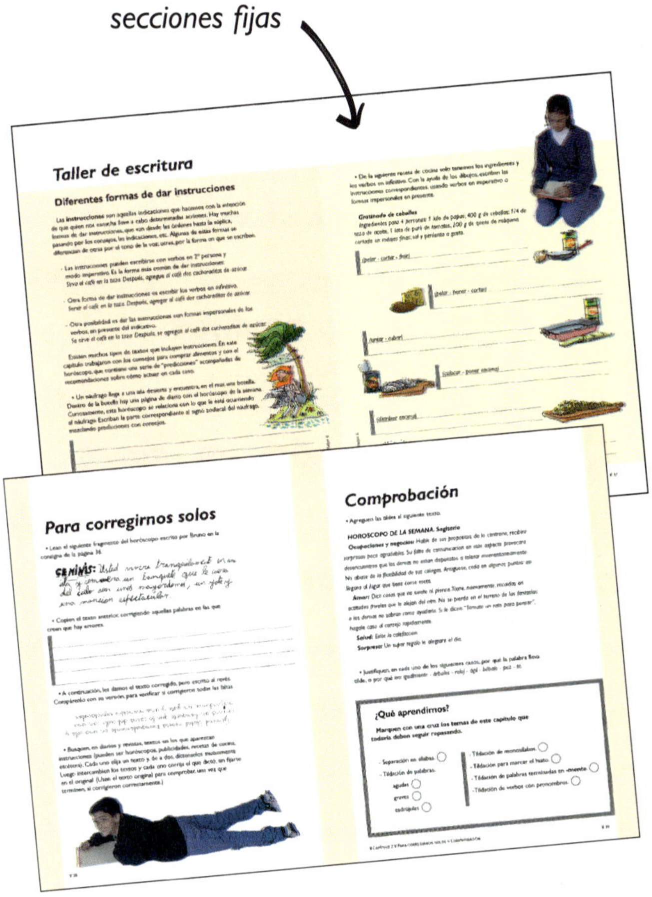

secciones fijas
Taller de escritura
Diferentes formas de dar instrucciones
Para corregirnos solos
Comprobación
¿Qué aprendimos?

se pueden encontrar consignas para "descubrir", a partir de ejemplos extraídos del texto, diversas cuestiones y reglas ortográficas. Las reglas aparecen encerradas entre corchetes y, a menudo, escritas en forma incompleta, para que el lector termine de escribirlas.

• Los **recuadros** al costado de las páginas aportan información adicional, necesaria para comprender mejor los temas.

• Al final, cada capítulo presenta tres **secciones fijas** en las que se profundiza el trabajo de producción y corrección de textos propios, y se incluye una pequeña "prueba" que permite controlar qué problemas se solucionaron y qué falta ejercitar.

• Las **páginas del final** del libro incluyen un cuadro con todas las reglas presentadas en los *Escribir Mejor 4, 5* y *6*, y sintetizan lo trabajado en las prácticas de autocorrección.

# Sobre biografías, verbos, cuentos y algo más

- **El pretérito imperfecto del indicativo.**

- **Los prefijos.**

- **Los verbos con prefijos.**

- **Verbos terminados en *-gir*.**

- **Palabras terminadas en *-ción* y *-sión*.**

# La biografía

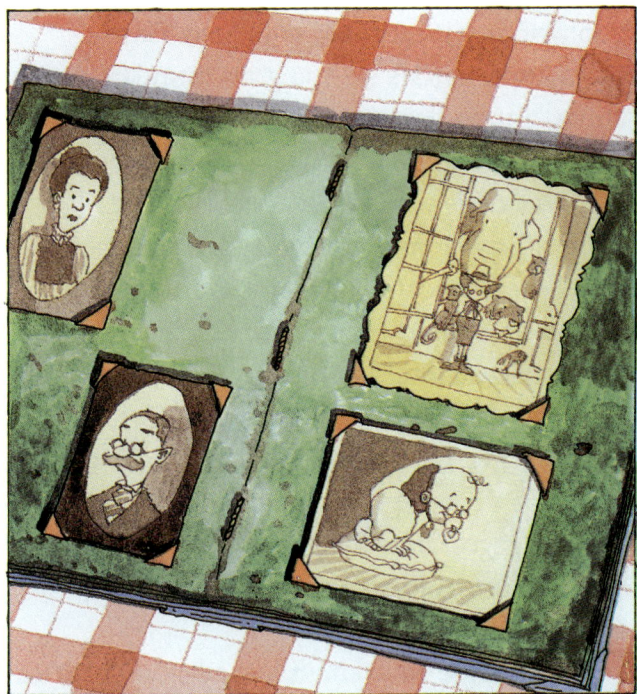

# El cuento de ciencia ficción

# La biografía

## Historias de bichos

### Gerald Durrell (1925-1995)

Gerald Durrell viajó por todo el mundo recolectando animales para distintos zoológicos y luego, para el propio. Plasmó estas experiencias en una gran cantidad de libros, donde desarrolló un estilo literario personal, brillante e inimitable. Sus escritos son graciosos y conmovedores a la vez.

Nació en la India, pero luego sus padres decidieron mudarse a Grecia. Gerald tenía diez años cuando llegó a Corfú, y allí desarrolló su interés por los animales. Convirtió su casa en un zoológico improvisado, para desasosiego de su familia. Después de la Segunda Guerra Mundial, los Durrell regresaron a Inglaterra; en 1947 Gerald consiguió su primer trabajo en el zoológico de Whipsnade.

Después de su primera expedición al África en busca de animales para llevar al zoológico de Londres, publicó su primer libro, al que llamó *El arca sobrecargada*. En él relata sus experiencias en el Camerún británico y ya demuestra que es un gran escritor. Después seguirían otros libros, basados en sus recuerdos de infancia: *Mi familia y otros animales*, *Bichos y demás parientes* y *El jardín de los dioses*.

En 1954, Durrell llegó por primera vez a Buenos Aires. Se frustró su expedición a Tierra del Fuego, en busca de patos y gansos para la Fundación de Ánades de Severn, pero recorrió la pampa bonaerense y luego viajó al Chaco paraguayo. De esta experiencia nació *La selva borracha*, publicada en 1956. En 1960 pasó ocho meses en la Argentina, recorriendo el país desde Chubut hasta Jujuy. Esta vez, venía a recolectar especies para su zoológico en la isla de Jersey. El viaje quedó impreso en las páginas de *Tierra de murmullos*, un libro aparecido en 1961.

En 1959 abrió su propio parque zoológico en la isla mencionada del Canal de la Mancha. Era un lugar donde a los animales no se los encerraba en jaulas, ya que disponían de grandes espacios para convivir. El objetivo principal no era mostrarlos, sino reproducir las especies en peligro de extinción para luego devolverlas a sus hábitats de origen. Al principio, el proyecto fue muy criticado, pero después se lo reconoció como el mejor zoológico del mundo y marcó una tendencia a seguir.

La vasta obra de Gerald Durrell constituye una lectura imperdible para todos los amantes de los animales. Su espíritu vive aún en el parque de Jersey y en las inolvidables historias de sus queridos bichos.

En *Tiempo de Aventura* N° 9, junio de 1999 (adaptación).

# Los tiempos de la narración

• Lean el siguiente fragmento de la biografía del archivo 1.

*En 1959 abrió su propio parque zoológico en la isla mencionada del Canal de la Mancha. Era un lugar donde a los animales no se los encerraba en jaulas, ya que disponían de grandes espacios para convivir. (…) Al principio, el proyecto fue muy criticado, pero después se lo reconoció como el mejor zoológico del mundo y marcó una tendencia a seguir.*

**El tiempo verbal *pretérito imperfecto* del *modo indicativo* se usa para expresar acciones habituales o durativas en el pasado: *caminaban*, *sentía*, *acostumbrabas*, etcétera.**

**El *pretérito perfecto simple* del *modo indicativo* se usa para acciones puntuales en el pasado: *caminó*, *sentí*, etcétera.**

• Completen según corresponda:

*En el fragmento anterior, los verbos marcados con color*

*......................................... están en pretérito perfecto simple. Los verbos*

*marcados con color ........................................ están en pretérito imperfecto.*

• Subrayen los verbos de la primera conjugación en la siguiente lista: *venir - caminar - cantar - creer - saludar - ir - llevar - tener - estar.*

• Completen el siguiente texto con los verbos que subrayaron, pero conjugados en pretérito imperfecto:

*Yo ............................... tranquilo por la vereda cuando escuché la canción*

*que ............................... la vecina de al lado. Me acerqué; no éramos amigos,*

*pero siempre nos ............................... : ella ............................... un paraguas*

*en la mano, aunque el cielo ............................... totalmente despejado.*

**Los verbos se dividen en 3 conjugaciones, según la terminación de sus infinitivos.**

• Completen la siguiente regla:

La terminación ............... de los verbos de ..................... conjugación en tiempo ....................................... se escribe siempre con ...............

# Los prefijos

Algunas palabras pueden combinarse con otros elementos y adquirir nuevos significados. El elemento que se agrega al comienzo de la palabra se llama *prefijo*. Los prefijos tienen un significado propio que se combina con el de la palabra base. Por ejemplo: el prefijo *tri* significa "tres"; unido a la palabra *motor* forma *trimotor*, que significa "que tiene tres motores".

• Escriban, a partir de los siguientes dibujos, palabras con prefijos. Comenten en cada caso el significado del prefijo.

• Unan con flechas los prefijos con los sustantivos o adjetivos correspondientes para formar la palabra que se define.

- Que tiene dos motores:  bi ●          ● nieto
- Que va más allá del sonido:  ultra ●          ● motor
- Dos veces nieto:  bis ●          ● natural
- Opuesto a la naturaleza:  anti ●          ● sónico

No en todas las palabras que comienzan con **bi**, el bi funciona como prefijo; por ejemplo, *billar*. Lo mismo sucede con los demás prefijos.

• En la siguiente lista de palabras, subrayen las que estén formadas por prefijo + base.

bicho        sublime        subrayar        biplano        biotecnología

biorritmo        biquini        subimos        subterráneo

• Completen la siguiente regla:

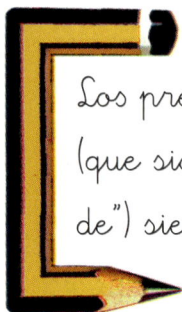

Los prefijos ..................... (que significa "vida"), .....................
(que significa "dos") y ..................... (que significa "debajo
de") siempre se escriben con la letra .....................

# Verbos con prefijo

**Los prefijos, si se agregan al comienzo de un verbo, cambian su significado al igual que sucede con los adjetivos y los sustantivos.**

• Extraigan de esta misma consigna dos verbos en los que se reconozcan prefijos y escríbanlos en infinitivo. Marquen con color el prefijo en cada uno de ellos.

• Formen otros verbos agregando otro prefijo a los mismos verbos base.

| verbo base | prefijo | verbo + prefijo |
|---|---|---|
| | | |
| | | |

• Usando los siguientes carteles, formen la regla ortográfica para escribir verbos con prefijos, y escríbanla dentro de los corchetes.

| Los verbos | de los | la ortografía |
|---|---|---|
| con prefijo | mantienen | verbos base. |

• Den 2 ejemplos para la regla anterior.

| verbo base | verbo + prefijo |
|---|---|
| | |
| | |

# Verbos que se escriben con v

• Lean las siguientes frases extraídas de la biografía del archivo 1.

*Convirtió su casa en un zoológico improvisado…*

*Era un lugar donde (…) los animales (…) disponían de grandes espacios para convivir.*

*El objetivo principal no era mostrarlos, sino reproducir las especies en peligro de extinción para luego devolverlas a sus hábitats de origen.*

• Las cuatro palabras destacadas en los fragmentos anteriores corresponden a cuatro verbos. Escríbanlos en infinitivo.

• Agregando a las bases de estos cuatro verbos otros prefijos, pueden formarse distintos verbos. Completen los "árboles verbales" siguientes.

| impro | visar | con | vivir | con | vertir | de | volver |
|-------|-------|-----|-------|-----|--------|-----|--------|

• Para cada uno de estos cuatro grupos de verbos, escriban:
   - un verbo conjugado,
   - un adjetivo,
   - un sustantivo.

| –visar | –vivir | –vertir | –volver |
|--------|--------|---------|---------|
|        |        |         |         |

• Fíjense si las palabras de estos cuatro grupos se escriben con **b** o con **v**.

# Verbos con *ll*

• Subrayen, en las siguientes oraciones de la biografía del archivo 1, verbos que se escriben con **ll**.

*Gerald tenía diez años cuando llegó a Corfú, y allí desarrolló su interés por los animales.*

*Después de su primera expedición al África en busca de animales para llevar al zoológico de Londres, publicó su primer libro, al que llamó* El arca sobrecargada.

• Escriban esos verbos en distintos tiempos verbales (presente, futuro, pretéritos) y distintas personas (1°, 2° y 3° del singular y del plural).

........................................................................................................................
........................................................................................................................
........................................................................................................................
........................................................................................................................

> **La persona que realiza la acción de un verbo puede ser:**
>
> Singular: 1°: **yo**;
> 2°: **vos**, **tú**; 3°: **ella**, **él**.
> Plural: 1°: **nosotros**;
> 2°: **ustedes**, **vosotros**;
> 3°: **ellas**, **ellos**.

• Completen la siguiente regla:

*Todas las formas de los verbos ........................., ........................., ......................... y ......................... se escriben con la letra .................*

• Otros verbos que siempre se escriben con **ll** son *hallar* y *callar*. Pero hay que tener cuidado y no confundirlos con algunas formas de los verbos *haber* y *caer* que se escriben con **y**. Completen las siguientes oraciones con los verbos indicados.

*José tropezó y se (caer)* ..................................... *en la vereda. Josefina, que venía hablándole, se (callar)* ..................................... .

*Quien busca pacientemente una cosa, por lo general (hallar)* ..................................... *lo que estaba buscando.*

*Fue a la fiesta: espero que se (haber)* ..................................... *divertido mucho.*

# El cuento de ciencia ficción

## Insertar la pieza A en el espacio B

Es el año 2056, en la estación espacial A5, en órbita en algún lugar del espacio exterior.

David y John, enfundados en sus grotescos trajes espaciales, supervisaban el lento desplazamiento de la caja de embalaje que se alejaba del carguero para entrar en la cámara de presión. Después de un año en la estación espacial A5, estaban comprensiblemente hartos de los ruidos metálicos de los aparatos de filtración, de los toneles hidropónicos con fugas y de los generadores de aire que zumbaban constantemente y de vez en cuando se descomponían.

—Nada funciona —se quejaba David— porque todo lo ensamblamos nosotros a mano.

—Y siguiendo instrucciones redactadas por un idiota —añadía John, con una expresión enojada en su rostro.

Tenían buenas razones para quejarse.

Lo más caro a bordo de una nave espacial era el lugar destinado al cargamento, de modo que todo el equipo se despachaba desarmado y embalado. Luego había que ensamblarlo en la propia estación con manos torpes, con herramientas inadecuadas y siguiendo unas instrucciones confusas y ambiguas.

David envió por escrito una queja, a la que John agregó los adjetivos adecuados, y así la Tierra recibió un pedido formal para corregir la situación: los astronautas exigían una solución.

Y la Tierra respondió. Se diseñó un robot especial que tenía un cerebro positrónico atiborrado de los conocimientos adecuados para ensamblar cualquier máquina desarmada que existiera.

Ese robot se encontraba en la caja que estaban desembarcando, y David temblaba incluso cuando se cerró la cámara de presión.

—Primero que revise la preparadora de alimentos y que ajuste el botón de la regulación de bifes, para que los podamos comer, por fin, jugosos en vez de quemados.

Entraron en la estación y trabajaron, con pasión pero delicadamente, con las varillas desmoleculizadoras, cerciorándose de que ni siquiera un átomo de metal de ese precioso robot resultara dañado.

¡Se abrió la caja!

Y dentro había quinientas piezas y unas confusas y ambiguas instrucciones para ensamblarlas.

Isaac Asimov, *Cuentos completos*. Ediciones B, 1992 (adaptación).

# Verbos terminados en *-gir*

• Lean el siguiente fragmento del cuento del archivo 2.

*...la Tierra recibió un pedido formal para* ***corregir*** *la situación: los astronautas* ***exigían*** *una solución.*

• Completen la conjugación del verbo *exigir* en el siguiente cuadro.

| | presente indicativo | | presente subjuntivo | |
|---|---|---|---|---|
| | corregir | exigir | corregir | exigir |
| Yo | *corrijo* | | *corrija* | |
| Vos/Tú | *corregís/corriges* | | *corrijas* | |
| Él | *corrige* | | *corrija* | |
| Nosotros | *corregimos* | | *corrijamos* | |
| Ustedes | *corrigen* | | *corrijan* | |
| Ellos | *corrigen* | | *corrijan* | |

• Algunas formas de estos verbos se escriben con **g** y otras con **j**. ¿Delante de qué vocales se escribe **g**? ¿Delante de qué vocales se escribe **j**?

Con **g**: ..............................

Con **j**: ..............................

• Piensen otros tres verbos cuyos infinitivos terminen en **-gir**.

..............................

• Conjuguen los verbos que escribieron en presente del indicativo y del subjuntivo. ¿Sucede lo mismo que con *corregir* y *exigir*?

• Completen la regla.

*Los verbos cuyo infinitivo termina en .................. se escriben con .................. delante de las vocales .................. y ..................*

# La terminación -ción

• Busquen y transcriban del cuento del archivo 2 todas las palabras terminadas en **-ción**. Incluyan también las que estén en plural (**-ciones**).

**Muchas de las palabras terminadas en -ción tienen, en su familia, una palabra terminada en -tor o -dor.**

• Completen la siguiente lista:

cantor ➜ canción

extractor ➜

calefactor ➜

instructor ➜

orador ➜

regulador ➜

creador ➜

Se llama familia de palabras al conjunto de palabras que tienen una misma base. Por ejemplo, en la familia de flor están: *florcita, florear, florero, florista, flores, floral, floricultura,* etc.

• Completen la regla:

Las palabras terminadas en ............................ que tienen en su familia una palabra terminada en ............................ o en ............................ se escriben con ............................

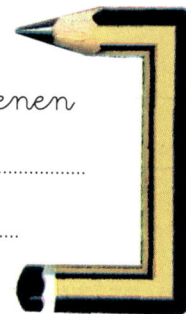

**No para todas las palabras que se escriben con -ción se puede encontrar una palabra de la misma familia que termine en -tor o en -dor. Una forma de salir de dudas es buscar, para esas palabras, alguna de la misma familia que se escriba con *sa, so* o *sivo*. Si no la hay, es casi seguro que se escribirá -ción (por ejemplo, *estación*).**

• Hagan la prueba con palabras en las que tengan dudas, y comprueben su ortografía con el diccionario.

© Estrada – Escribir mejor 6.

# La terminación -sión

• Busquen y transcriban del cuento del archivo 2 dos palabras terminadas en **-sión**.

_____

**Para darse cuenta de que una palabra termina en _-sión_, hay que buscar en su familia de palabras alguna que tenga _sa_ o _so_. Como esas palabras no pueden escribirse con _c_, nos indican que todas las palabras de la misma familia se escribirán con _s_. Otra terminación que casi siempre va con _s_ es _-sivo/-siva_.**

• Completen la siguiente lista:

televisor ➞ televisión

tenso ➞

expansiva ➞

expreso, expresivo ➞

suspenso, suspensivo ➞

extensa ➞

preso ➞

> La única palabra que termina en **-civo** (con **c**) es _nocivo_, con el significado de dañino, perjudicial.

• Completen la siguiente regla:

Las palabras terminadas en ........................... que tienen en su familia una palabra con los grupos ............... , ............... , ............... o ............... , se escriben con ...............

• Completen las siguientes palabras con **c** o con **s**, según corresponda.

explo......ión          destruc......ión          ten......ión          vibra......ión

• Usando estas palabras, escriban una narración breve en la que el protagonista sobrevive a un terremoto.

# Taller de escritura

## La narración y sus mil formas

Todos narramos, varias veces en el día: cuando contamos una película que vimos, cuando explicamos lo que hicimos hace un momento, cuando decimos lo que pensamos hacer la semana que viene, o lo que le pasó a un conocido...

La **narración** es un texto en el que aparecen personajes (reales o imaginarios) que realizan acciones ubicadas en un tiempo y en un espacio determinados. Existe una variedad infinita de textos narrativos: cuentos, mitos, biografías, cartas, fábulas, novelas, anécdotas...

Las narraciones reúnen un conjunto de elementos que es importante conocer bien:

**El tipo de narración:** cada tipo de narración tiene un formato particular. Antes de empezar a escribir, hay que tener en mente qué tipo de narración es la que vamos a realizar, para ajustarnos a las características que tiene cada una. Por ejemplo, si escribimos una carta, debe tener un encabezado y una despedida; si escribimos una biografía, debe contar los hechos importantes de la vida de una persona ordenados en forma cronológica; si escribimos una crónica periodística, debemos organizar la información de acuerdo con su importancia y aclarar bien las fechas y los lugares donde sucede el hecho sobre el que se informa.

**El narrador:** es quien cuenta la historia, que no necesariamente es quien la escribe. El narrador puede ser uno de los protagonistas de la narración, o un "testigo" que narra lo que vio; o puede contar, además, todo lo que piensan y sienten los distintos personajes (en ese caso, se lo llama narrador *omnisciente*).

**Los personajes:** son los que realizan las acciones de la narración. No necesariamente son personas reales: pueden ser personajes imaginarios, o animales, o seres fantásticos, o cosas "personificadas". Puede haber muchos o pocos personajes, pero toda narración debe tener al menos uno.

• Comiencen a planificar una narración de tema libre. En primer lugar, definan de qué tipo va a ser. Luego, a medida que leen las explicaciones, vayan determinando los elementos de la narración.

Tipo de narración:

Tipo de narrador:

Personajes principales:

Ubicación en el tiempo:

Ubicación en el espacio:

**Las acciones:** son "las cosas que pasan" en la narración, ubicadas en un tiempo (por lo general, en pasado, pero puede haber narraciones en presente o incluso en futuro) y en un espacio, que pueden estar claramente definidos (por ejemplo "en la esquina de mi casa") o no ("en algún lugar del planeta Tierra"). Esas acciones principales reciben el nombre de núcleos narrativos.

**Acciones principales de la narración:**
_____
_____

**Conflicto que deben resolver los personajes:**
_____
_____

**Posible solución:**
_____
_____

**Título propuesto:**
_____

• Ahora que el plan de escritura de su narración está listo, escriban la narración que planificaron. Al terminar, fíjense en qué se parece o diferencia la narración "planificada" de la versión completa.

**La estructura narrativa:** aun contando con todos los elementos anteriores, no tendremos una narración si no mantenemos una cierta estructura, que es la que le da coherencia al conjunto. Toda narración debe tener:
- una introducción, en la que se da la ubicación en tiempo y en espacio y se presentan los personajes;
- un conflicto o nudo; algo que les sucede a los personajes y que debe resolverse de alguna forma. Si no sucede nada interesante, la narración puede ser muy aburrida...
- un desenlace: la resolución del conflicto. Toda narración debe tener un desenlace, aunque esta resolución puede ser definitiva o parcial; satisfactoria o insatisfactoria; puede cerrar definitivamente la narración o ser "abierta" y dejar al lector la tarea de imaginar el resto.

**El título:** por lo general, es lo último que se escribe. Debe tener relación, directa o indirecta, con lo que se cuenta en la narración.

Antes de empezar a escribir es muy útil preparar, por escrito o mentalmente, un plan que incluya todos los componentes de la narración. Si van inventando la narración a medida que escriben, es más fácil que se pierdan o se olviden de datos necesarios para que el lector entienda la historia.

• Los cuentos de ciencia ficción se caracterizan por estar ubicados temporalmente en un futuro, por lo general bastante lejano. A veces, la ubicación en el espacio también es alejada: un planeta distinto de la Tierra, una nave espacial en algún lugar del cosmos, etcétera. Escriban un relato de ciencia ficción en el que aparezcan:

- Ubicación en el tiempo y en el espacio (Marte en el año 2535, el Polo Sur en el 2050, un lugar desconocido de la galaxia Andrómeda en un futuro lejano, u otras situaciones que se les ocurran).

- Un personaje humano y uno no humano (un científico y un robot, un niño y un extraterrestre, un astronauta y un animal que habla, u otros que se les ocurran).

- Elementos tecnológicos no existentes en la actualidad (máquinas para hacer cosas que hoy en día se hacen sin ellas, medios de transporte espaciales, ropas y accesorios especiales, u otras cosas que se les ocurran). Recuerden que un plan de escritura previo puede ser de gran ayuda.

*Título:*

• Escriban la biografía de alguna persona o de algún personaje que conozcan o admiren. Puede ser un actor, un cantante, un deportista o quien ustedes prefieran. Incluyan datos que lo ubiquen en el tiempo y en el espacio, y al final agreguen un comentario personal sobre el protagonista. Si lo desean, pueden hacer borradores del texto antes de pasarlo a esta página e incluir su imagen en el portarretratos.

**La historia jamás contada de…**




• Ahora les toca escribir, para que aparezca en una revista, la biografía de un personaje imaginario: por lo tanto, van a tener que inventar todos los datos (incluyan fechas significativas, ubicación en el espacio, acciones importantes que "marcaron" la vida del personaje). Lo único de que disponen es su imagen:

**La verdadera historia de…**

© **Estrada** – Escribir mejor 6.

# *Para corregirnos solos*

Muchas veces "se nos pasan" errores de ortografía en palabras que sabemos escribir bien. Una forma de evitarlo es revisar lo que escribimos antes de considerarlo terminado, y hacer esta revisión con una mirada atenta.

En esta sección haremos prácticas para aprender a autocorregirnos. Para eso trabajaremos con textos producidos por otros chicos de sexto año, y realizaremos distintos ejercicios para aprender a descubrir los errores que a ellos se les "escaparon".

• Este es un fragmento del texto que produjo Norberto a partir de la primera consigna de la página 21.

> "A veces, es bueno hablar ae gento que a vivido en esta tierra y de la cúal vale la pena hablar El personaje de esta semana se llama Garoma
>
> El nació el 30 de Deciembre del 3030 Su infancia fué bastante salvaje

• Ahora, les damos el mismo texto, pero con espacios en blanco en aquellas palabras en las que hay algún error ortográfico. Ustedes tienen que completar el texto, escribiendo la palabra sin errores.

> A veces es bueno hablar de gente que ................... vivido en esta tierra y de la ................... vale la pena hablar.
>
> El personaje de esta semana se llama Garoma.
>
> ................... nació el 30 de ................... del 3030. Su infancia ................... bastante salvaje.

• Para controlar lo que hicieron, intercambien sus trabajos con un compañero. Si todavía quedan dudas, consulten el diccionario o pregúntenle a la maestra.

© Estrada – Escribir mejor 6.

# Comprobación

• Completen la siguiente narración de acuerdo con la clave que figura a la derecha:

**ll** o **y**

**s** o **c**

**v** o **b**

**g** o **j**

*Los astronautas escucharon un ...amado metálico: el robot cocinero les a...isa...a que la cena esta...a lista. Sin la menor precau...ión, salieron corriendo hacia el comedor de la nave. Cuando ...egaron, el robot les dijo:*

*—Pueden ele...ir el menú de hoy: tuercas al aceite o circuitos en...ueltos. Era una elec...ión difícil.*

*—Creo que tenemos que buscar una solu...ión —le dijo uno de los astronautas a su compañero—. Este robot nos va a matar de hambre, si no le exi...imos que nos ...uel...a a cocinar comida humana.*

*—Estoy de acuerdo con vos —contestó el otro—: los microchips de ayer deja...an mucho que desear. ¡No podemos seguir ...i...iendo así!*

• Escriban, para los siguientes verbos, una forma conjugada y un derivado con prefijo. Les damos el primero resuelto, como ejemplo:

| | forma conjugada | derivado | | forma conjugada | derivado |
|---|---|---|---|---|---|
| volver: | *volvimos* | *revolver* | arrollar: | | |
| vivir: | | | elegir: | | |

## ¿Qué aprendimos?

**Este cuadro es para su control personal. Indiquen en él los temas de este capítulo que todavía deben seguir practicando.**

- Verbos en pretérito imperfecto del indicativo ◯
- Palabras con prefijos ◯
- Palabras terminadas en **-ción** y **-sión** ◯

- Verbos con **v** ◯
- Verbos con **ll** ◯
- Verbos terminados en **-gir** ◯

# Sobre horóscopos, tildes, consejos y algo más

- **Acentos y tildes.**

- **Reglas generales de tildación.**

- **El diptongo y el hiato.**

- **Tildación de palabras terminadas en *-mente*.**

- **Tildación de verbos con pronombres.**

# El horóscopo

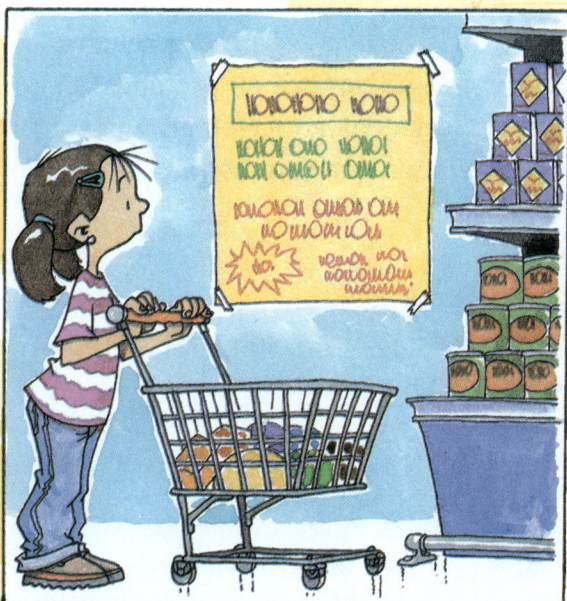

# Los consejos

# El horóscopo

## Aries

**Negocios**: Tome precauciones en el manejo del dinero antes de embarcarse en nuevos proyectos. No pretenda ser siempre el líder. De lo contrario le será difícil comprender a sus compañeros.

**Amor**: ¿Inquietud, tensiones y mal humor? Acepte el descontrol de sus emociones, en vez de luchar contra usted mismo: será lo mejor. Dé a sus seres queridos la oportunidad de ayudarlo.

**Salud**: El exceso de tensión puede tener consecuencias en el organismo. Cuídese en las comidas.

**La clave**: Reflexione antes de decidir.

## Libra

**Negocios**: Aunque parezca que se cierran los caminos, fortalézcase para no perder espacios. Haga pie firme en donde se sienta más seguro y sea cauto si entra en temas que no conoce en profundidad.

**Amor**: Surge una atracción instantánea por una persona que se mostraba lejana. Pero piénselo seriamente antes de probar suerte.

**Salud**: Sin problemas.

**Sorpresa**: Injusticias sin razón aparente: ante ellas, manténgase tranquilo.

© **Estrada** – Escribir mejor 6.

# Acentos y tildes

El *acento* es la mayor fuerza con que marcamos una de las sílabas de una palabra. Salvo algunos monosílabos, todas las palabras tienen acento. Pero el acento no siempre se marca con su signo gráfico, la *tilde* (una pequeña línea diagonal sobre la vocal acentuada).

ho-**rós**-co-po          ne-**go**-cios          a-**mor**

• Separen en sílabas las palabras de esta oración extraída del horóscopo del archivo 3:

**Sorpresa**: *Injusticias sin razón aparente: ante ellas, manténgase tranquilo.*

Según la posición de la sílaba que lleva el acento, las palabras de clasifican en:

- **Agudas:** cuando el acento está en la última sílaba.
  sen      sa      **ción**

- **Graves:** cuando el acento está en la penúltima sílaba.
  can      **ta**      mos

- **Esdrújulas:** cuando el acento está en la antepenúltima sílaba.
  **ló**      gi      cos

Los monosílabos, es decir las palabras con una sola sílaba, no se clasifican, como las otras palabras, en agudas, graves y esdrújulas.

• Clasifiquen las palabras que separaron en sílabas en la consigna anterior según cuál sea la sílaba acentuada:

Esdrújulas: .......................................................

Graves: ...........................................................

Agudas: ...........................................................

---

Se llama sílabas a las partes en que se divide una palabra. Cada sílaba puede tener consonantes o no, pero debe tener por lo menos una vocal.

En las palabras acentuadas o tónicas, hay una sílaba que se pronuncia más fuertemente que las otras: es la que lleva el acento de la palabra.

---

Las palabras átonas son aquellas que no tienen acento. Son palabras átonas algunos monosílabos. Ejemplos:

*El perro ladra.*

*Si querés, te acompaño.*

...manténgase tranquilo.

# Reglas generales de tildación

**El acento solo se marca con el signo ortográfico de la tilde algunas veces.**

• Busquen en el horóscopo del archivo 3 todas las palabras agudas, graves y esdrújulas que llevan tilde, y transcríbanlas a continuación.

| agudas | graves | esdrújulas |
|---|---|---|
|  |  |  |
|  |  |  |
|  |  |  |

• Lean atentamente las palabras de la lista siguiente. ¿Qué tienen en común las palabras marcadas en rojo? ¿Y las marcadas en azul?

<table>
<tr><td>lápiz</td><td>jamás</td><td>tomen</td></tr>
<tr><td></td><td>peón</td><td>verdad</td><td>vení</td></tr>
<tr><td>reglas</td><td>espacio</td><td>cráter</td></tr>
<tr><td>silla</td><td>señor</td><td>esquimal</td></tr>
</table>

• Revisen todas las palabras del cuadro y las de la lista de arriba, y completen las siguientes reglas de tildación.

Las palabras ........................................... llevan tilde siempre.

Las palabras ........................................... llevan tilde cuando terminan en consonante que no sea n o s.

Las palabras ........................................... llevan tilde cuando terminan en n, s o vocal.

© Estrada – Escribir mejor 6.

# Tildación de monosílabos

- En el siguiente fragmento del horóscopo del archivo 3, subrayen los monosílabos.

*Negocios: Tome precauciones en el manejo del dinero antes de embarcarse en nuevos proyectos. No pretenda ser siempre el líder. De lo contrario le será difícil comprender a sus compañeros.*

- Los monosílabos que marcaron, ¿llevan tilde?

- Completen la regla de tildación:

Los monosílabos ........................ se tildan.

- Existen, sin embargo, algunas excepciones a la regla que escribieron. Busquen en el archivo 3, dos monosílabos que estén tildados, y transcríbanlos.

**Los pronombres personales** son:

1° persona:
- singular: *yo, me, mí*;
- plural: *nosotros, nos.*

2° persona:
- singular: *tú, te, ti*;
- plural: *vosotros, ustedes, les.*

3° persona:
- singular: *él, ella, se, sí*;
- plural: *ellos, ellas, se, les.*

**Cuando hay dos o más monosílabos que se escriben igual pero que tienen distinto significado, uno de ellos se tilda para diferenciarlo del otro.**

- Escriban una oración como ejemplo para cada uno de los siguientes monosílabos.

| sí | adverbio de afirmación | *Sí, estoy seguro.* |
|---|---|---|
| si | conjunción condicional | *Si me ayudás ahora, después te acompaño al quiosco.* |
| más | adverbio de cantidad | |
| mas | sinónimo de "pero" | |
| té | bebida hecha con hierbas | |
| te | pronombre personal de 2° persona singular | |
| tu | pronombre posesivo 2° persona singular | |
| tú | pronombre personal 2° persona singular | |

# Los consejos

## Consejos para comprar comida y cocinar

- Fíjese que la fruta fresca, la verdura, la carne y el pescado fresco no muestren señales de haber sido almacenados por largo tiempo.
- Los productos congelados deben estar en una cámara de congelación en buenas condiciones.
- Los productos envasados deben mostrar claramente la fecha de vencimiento. Obsérvela con atención antes de comprar, en especial en alimentos que pueden echarse a perder rápidamente, como los productos lácteos, las pastas frescas…
- Aunque no estén vencidas, si las latas de conserva están abolladas, hinchadas o muestran herrumbre, rechácelas.
- Revise que los paquetes de azúcar, sal o harina estén sellados y sin agujeros, para comprobar que no se haya humedecido su contenido.
- No compre bebidas embotelladas que hayan estado expuestas al sol, o cuyo interior muestre burbujas.
- Guarde los alimentos perecederos (lácteos, carnes, verduras, etcétera) en un lugar fresco y protegidos de la luz.
- Cuando compre carne de vaca, obsérvela con luz blanca fuera del mostrador del carnicero y huélala: si no tiene un color saludablemente rojo, o si no huele bien, deséchela. Esto último vale también para el pescado: el pescado fresco nunca tiene mal olor.
- Vigile los precios, pero no se guíe únicamente por ellos: a veces, los productos más baratos están hechos con ingredientes de menor calidad o tienen conservantes o colorantes químicos. Para terminar, recuerde: la base de una buena comida es una selección cuidadosa de sus ingredientes… y un buen cocinero, claro.

# El diptongo

**Se llama** *diptongo* **a la reunión de dos vocales consecutivas en la misma sílaba. El diptongo puede darse en algunos de los siguientes casos:**

vocal cerrada + vocal abierta $\longrightarrow$ *bueno, memorioso, igual*

vocal abierta + vocal cerrada $\longrightarrow$ *traidor, neumático, peine*

vocal cerrada + vocal cerrada $\longrightarrow$ *cuidadoso, ciudadano*

• En el siguiente fragmento de los consejos del archivo 4, subrayen las palabras que tienen diptongo, y sepárenlas en sílabas. Fíjense qué sucede con los diptongos.

*(…) la fecha de vencimiento. Obsérvela con atención antes de comprar, en especial en alimentos que pueden echarse a perder rápidamente, como los productos lácteos, las pastas frescas…*

• Escriban un consejo relacionado con cada uno de los siguientes alimentos. Una vez que los hayan escrito, marquen en ellos todos los diptongos.

**Las vocales se clasifican en abiertas o cerradas, según la posición de la boca al articularlas. Las vocales abiertas son a, e, o. Las vocales cerradas son i, u.**

# Tildación de palabras graves por hiato

**El caso contrario al diptongo es el *hiato*, es decir la separación de dos vocales consecutivas en sílabas distintas. Puede producirse hiato en los siguientes casos:**

vocal abierta - vocal abierta $\longrightarrow$ ***aé**reo, le**a**l*
vocal abierta - vocal cerrada $\longrightarrow$ *ca**í**do, re**ú**ne*
vocal cerrada - vocal abierta $\longrightarrow$ *gr**ú**a, fr**í**e, m**í**o*

• En la siguiente lista de palabras graves, subrayen con un color las que tienen diptongo y con otro color las que presentan hiato.

| | | | | |
|---|---|---|---|---|
| *extraído* | *reuma* | *hueco* | *río* | *causa* |
| *acuoso* | *garúa* | *sonríe* | *canario* | *oía* |

• La regla de tildación de las palabras graves indica que las graves terminadas en **vocal, n** o **s** no se tildan. Sin embargo, en la lista anterior hay palabras que no cumplen con esa regla. Enciérrenlas en un círculo de otro color.

• Observen con atención las palabras que marcaron y respondan: ¿qué palabras llevan tilde, y cuáles no? ¿Qué función les parece que tiene la tilde, en esos casos?

_____

_____

_____

• Completen la regla.

Cuando existe ........................ entre una vocal abierta y una cerrada, la vocal ........................ se tilda. Ejemplos: ........................

# Tildación de palabras terminadas en –mente

• En el siguiente fragmento extraído del archivo 4, marquen con color las palabras terminadas en **–mente**.

*Los productos envasados deben mostrar claramente la fecha de vencimiento. Obsérvela con atención antes de comprar, en especial en alimentos que pueden echarse a perder rápidamente, como los productos lácteos, las pastas frescas…*

• Los adverbios terminados en **–mente** se forman a partir de adjetivos. Completen el siguiente cuadro con los adjetivos correspondientes.

| adverbio ⟶ | adjetivo |
|---|---|
| útilmente ⟶ | útil |
| seriamente ⟶ | |
| claramente ⟶ | |
| prácticamente ⟶ | |
| rápidamente ⟶ | |
| hábilmente ⟶ | |

• ¿Cuáles de los adverbios de la lista anterior llevan tilde? ¿Qué pasa con los adjetivos correspondientes? Completen la siguiente regla de tildación.

> Los adverbios terminados en -mente llevan tilde si el adjetivo correspondiente .........................................................

• Escriban en una hoja aparte un texto en el que aconsejen a un amigo sobre alguna de las siguientes acciones:
*comer un helado - lavar un plato - jugar a la mancha.*
Incluyan en el texto al menos tres adverbios terminados en **–mente**.

Los **adverbios** son palabras invariables (es decir, que no cambian en género ni número) cuya función principal es la de modificar al verbo, como circunstanciales.

La terminación en **–mente** identifica a un grupo de adverbios de modo. **Claramente** significa "en forma clara"; **fríamente**, "en forma fría", etcétera.

# Tildación de verbos graves + pronombre

• Observen, en el siguiente fragmento del archivo 4, los verbos destacados.

*Cuando compre carne de vaca, **obsérvela** con luz blanca fuera del mostrador del carnicero y **huélala**: si no tiene un color saludablemente rojo, o si no huele bien, **deséchela**. Esto último vale también para el pescado: el pescado fresco nunca tiene mal olor;*

• ¿Qué tipo de palabras son de acuerdo con su tildación?

• Escriban los tres verbos sin el pronombre que tienen agregado al final, y hagan un círculo alrededor de la sílaba acentuada en cada caso.

• De acuerdo con la sílaba acentuada, los verbos que marcaron ¿son palabras agudas, graves o esdrújulas? ¿Deben llevar tilde?

• Unan los siguientes verbos con los pronombres. Copien al lado la palabra completa, realizando los cambios necesarios en la tildación de acuerdo con el tipo de palabra que queda formada.

agregue  + la  ⟶ _____

pregunte + me ⟶ _____

pegue    + los ⟶ _____

asegure  + le ⟶ _____

• Completen la siguiente regla.

Cuando se les agregan pronombres, los verbos graves ................................................. por quedar como palabras .............................................

© Estrada – Escribir mejor 6.

# Tildación de verbos agudos + pronombre

• Los consejos del archivo 4 están dados en un lenguaje formal (el autor trata de "usted" al lector). Cambien el tono de algunos de esos consejos para que resulte informal, como si estuvieran dirigidos a un público joven. Les damos el primero como ejemplo.

- *(fijarse)* **Fijate** *que la fruta fresca, la verdura, la carne y el pescado fresco no hayan estado guardadas mucho tiempo.*

- *Los productos envasados deben mostrar claramente la fecha de vencimiento. (observar)* ................................................ *con atención antes de comprar.*

- *Cuando compres carne de vaca, (mirar)* ........................................ *con luz blanca fuera del mostrador del carnicero: si no tiene un color saludablemente rojo, o si no huele bien, (desechar)* ........................................ .

• Separen los verbos agudos que escribieron de los pronombres que tienen agregados al final.

...............................................                    ...............................................

        ...............................................                    ...............................................

• ¿Por qué llevan tilde esos verbos? (Si lo necesitan, revisen la regla en la página 28.)

...............................................

• ¿Qué sucede al unirse a pronombres? Completen la regla de tildación.

Cuando se les agregan pronombres a los verbos agudos, ........................................ la tilde que tenían por quedar como palabras ........................................ terminadas en vocal .

Antes, los verbos agudos, al agregárseles pronombres al final, conservaban la tilde. Pero en septiembre de 1999, la Real Academia Española modificó esta regla.

# Taller de escritura

## Diferentes formas de dar instrucciones

Las **instrucciones** son aquellas indicaciones que hacemos con la intención de que quien nos escucha lleve a cabo determinadas acciones. Hay muchas formas de dar instrucciones, que van desde las órdenes hasta la súplica, pasando por los consejos, las indicaciones, etc. Algunas de estas formas se diferencian de otras por el tono de la voz; otras, por la forma en que se escriben.

- Las instrucciones pueden escribirse con verbos en 2° persona y modo imperativo. Es la forma más común de dar instrucciones:
  *Sirva el café en la taza. Después, agregue al café dos cucharaditas de azúcar.*

- Otra forma de dar instrucciones es escribir los verbos en infinitivo.
  *Servir el café en la taza. Después, agregar al café dos cucharaditas de azúcar.*

- Otra posibilidad es dar las instrucciones con formas impersonales de los verbos, en presente del indicativo.
  *Se sirve el café en la taza. Después, se agregan al café dos cucharaditas de azúcar.*

Existen muchos tipos de textos que incluyen instrucciones. En este capítulo trabajaron con los consejos para comprar alimentos y con el horóscopo, que contiene una serie de "predicciones" acompañadas de recomendaciones sobre cómo actuar en cada caso.

• Un náufrago llega a una isla desierta y encuentra, en el mar, una botella. Dentro de la botella hay una página de diario con el horóscopo de la semana. Curiosamente, este horóscopo se relaciona con lo que le está ocurriendo al náufrago. Escriban la parte correspondiente al signo zodiacal del náufrago, mezclando predicciones con consejos.

• De la siguiente receta de cocina solo tenemos los ingredientes y los verbos en infinitivo. Con la ayuda de los dibujos, escriban las instrucciones correspondientes, usando verbos en imperativo o formas impersonales en presente.

### Gratinado de cebollas

*Ingredientes para 4 personas: 1 kilo de papas; 400 g de cebollas; 1/4 de taza de aceite; 1 lata de puré de tomates; 200 g de queso de máquina cortado en rodajas finas; sal y pimienta a gusto.*

*(pelar - cortar - freír)*

*(pelar - hervir - cortar)*

*(untar - cubrir)*

*(colocar - poner encima)*

*(distribuir encima)*

*(gratinar - salpimentar - servir)*

# Para corregirnos solos

• Lean el siguiente fragmento del horóscopo escrito por Bruno en la consigna de la página 36.

**GEMINIS:** Usted vivirá tranquilamente en una isla y comerá un banquete que le caera del cielo con unos mayordomos, un yate y una monsion espectacular.

• Copien el texto anterior, corrigiendo aquellas palabras en las que creen que hay errores.

• A continuación, les damos el texto corregido, pero escrito al revés. Compárenlo con su versión, para verificar si corrigieron todas las faltas.

Géminis: Usted vivirá tranquilamente en una isla y comerá un banquete que le caerá del cielo con unos mayordomos, un yate y una mansión espectacular.

• Busquen, en diarios y revistas, textos en los que aparezcan instrucciones (pueden ser horóscopos, publicidades, recetas de cocina, etcétera). Cada uno elija un texto y, de a dos, díctenselos mutuamente. Luego intercambien los textos y cada uno corrija el que dictó, sin fijarse en el original. (Usen el texto original para comprobar, una vez que terminen, si corrigieron correctamente.)

# Comprobación

• Agreguen las tildes al siguiente texto.

**HOROSCOPO DE LA SEMANA.** *Sagitario*

**Ocupaciones y negocios:** *Hable de sus propositos; de lo contrario, recibira sorpresas poco agradables. Su falta de comunicacion en este aspecto provocara desencuentros que los demas no estan dispuestos a tolerar momentaneamente. No abuse de la flexibilidad de sus colegas. Amiguese, ceda en algunos puntos: asi llegara al lugar que tiene como meta.*

**Amor:** *Dice cosas que no siente ni piensa. Tiene, nuevamente, recaidas en actitudes frivolas que lo alejan del otro. No se pierda en el terreno de las fantasias o los demas no sabran como ayudarlo. Si le dicen: "Tomate un rato para pensar", hagale caso al consejo rapidamente.*

**Salud:** *Evite la calefaccion.*

**Sorpresa:** *Un super regalo le alegrara el dia.*

• Justifiquen, en cada uno de los siguientes casos, por qué la palabra lleva tilde, o por qué no: *igualmente - árboles - reloj - ágil - bébalo - pez - té.*

## ¿Qué aprendimos?

**Marquen con una cruz los temas de este capítulo que todavía deben seguir repasando.**

- Separación en sílabas. ◯

- Tildación de palabras.

    agudas ◯

    graves ◯

    esdrújulas ◯

- Tildación de monosílabos. ◯

- Tildación para marcar el hiato. ◯

- Tildación de palabras terminadas en **-mente**. ◯

- Tildación de verbos con pronombres. ◯

# Sobre descripciones, adjetivos y algo más

- **Sustantivos terminados en** *-ancia* / *-encia* y *-cio*

- **Grupos** *mb* / *nv*

- **Adjetivos terminados en** *-ivo* / *-iva*, *-oso* / *-osa* y *-ble*

- **Plural de palabras terminadas en z.**

- **Ortografía de diminutivos.**

# El aviso inmobiliario

# La descripción maravillosa

# El aviso inmobiliario

La zona más exclusiva de la ciudad, al precio más conveniente. Para que usted pueda disfrutar de todas las comodidades en un lugar asombroso.

- Residencias incomparables. Semipisos de 2 ambientes.
- Suntuoso hall de acceso.
- Gimnasio. Pileta climatizada para adultos y niños. Solárium. Espacio guardabicicletas.
- Servicio de vigilancia nocturna. Portero eléctrico con visor.
- Comedor con pisos de madera.
- Amplios balcones.
- Lavadero y dependencias de servicio.
- Cocheras optativas.
- Precios accesibles. Facilidades de compra.
- Últimas unidades disponibles.

Lo invitamos a visitar nuestras oficinas de venta, de lunes a viernes entre las 11 y las 14 horas; y también los sábados y domingos, de 10 a 19 horas. Será bienvenido.

© Estrada – Escribir mejor 6.

# Sustantivos terminados en *-ancia* y *-encia*

• Observen los sustantivos destacados en los siguientes fragmentos del aviso inmobiliario del archivo 5.

- **Residencias** *incomparables. Semipisos de 2 ambientes.*
- *Servicio de* **vigilancia** *nocturna. Portero eléctrico con visor.*
- *Lavadero y* **dependencias** *de servicio.*

• ¿Qué terminaciones tienen las palabras destacadas?

......................................................................................................

• En el siguiente aviso, subrayen todos los adjetivos.

*Para compradores poco conscientes: insignificante departamento en edificio nada elegante. Problemas importantes de humedad en paredes y sugerente agujero en el techo. Distante del centro. ¡Compre en forma inteligente!*

• Transformen las palabras marcadas en sustantivos termindos en **-ancia** o **-encia**, según el ejemplo.

| adjetivos | sustantivos | adjetivos | sustantivos |
|---|---|---|---|
| conscientes | conciencia | | |
| | | | |
| | | | |

• ¿Cómo se escriben esos sustantivos? Completen la regla correspondiente:

Las terminaciones .................................................. y .................................................. de los sustantivos se escriben con ....................

Las palabras **ansia** y **hortensia** se escriben con **s**: son las excepciones a la regla estudiada en esta página.

© **Estrada** – Escribir mejor 6.

# Palabras terminadas en *-cio*

• Lean con atención los siguientes fragmentos del aviso del archivo 5.

- *Gimnasio. Pileta climatizada para adultos y niños. Solárium.* **Espacio** *guardabicicletas.*
- *Lavadero y dependencias de* **servicio***.*
- **Precios** *accesibles. Facilidades de compra.*

• ¿Qué tienen en común las palabras marcadas?

......................................................................................................................

• Para cada una de las siguientes palabras, encuentren una palabra terminada en **-cio** de la misma familia.

espacial    ➙    espacio

servicial    ➙

necedad    ➙

inicial    ➙

apreciado    ➙

negociante    ➙

**Necedad: sust. f.**
**Ignorancia, tontería.**

• ¿Con qué consonante se escribe la terminación de todas estas palabras?

......................................................................................................................

• Completen la regla correspondiente.

Las palabras terminadas en ..................................

se escriben con ..................

• La regla anterior tiene una excepción: encuéntrenla en uno de los fragmentos del archivo 5 transcriptos en esta página, y escríbanla a continuación.

......................................................................................................................

© Estrada – Escribir mejor 6.

# Después de *m* y después de *n*

• Lean los siguientes fragmentos del aviso inmobiliario del archivo 5.

*La zona más exclusiva de la ciudad, al precio más* conveniente*. Para que usted pueda disfrutar de todas las comodidades en un lugar* asombroso*.*

*Lo* invitamos *a visitar nuestras oficinas de venta, de lunes a viernes entre las 11 y las 14 horas; y* también *los sábados y domingos, de 10 a 19 horas. Será* bienvenido*.*

• ¿Qué tienen en común las palabras destacadas en rojo? ¿Qué tienen en común las palabras destacadas en azul?

• Completen las siguientes palabras con **v** o con **b**, según corresponda.

in…ernal          in…asor          zam…a          tem…lor

• Completen las reglas correspondientes:

Después de *m*, se escribe siempre ............................................
Después de *n*, se escribe siempre ............................................

• Completen el siguiente texto con **v** o con **b**, según corresponda:

*Llegamos a casa de noche: parecía cam…iada, como si una fuerza in…isible hubiera in…adido el aire de las habitaciones. Entre asom…rados y temerosos, nos preparamos para entrar: el am…iente estaba en…uelto en esa niebla extraña que nos en…iaba quién sabe qué fantasma o duende. Llegamos a la cocina: el humo venía de la ventana abierta. Nos acercamos. Con alivio, comprobamos que los vecinos estaban preparando un asado. Nos in…itaron, y aceptamos, porque entrar a una casa em…rujada nos había dejado ham…rientos.*

# Adjetivos terminados en *-ivo / -iva*

Se llama *adjetivos calificativos* a aquellos que indican cualidades o características del sustantivo al que modifican. **Por ejemplo:** ese *lindo* perro, una mesa *redonda*, qué noticia *importante*.

- Transcriban cuatro adjetivos calificativos del aviso del archivo 5.

...................................................................................................

- Unan con flechas cada verbo en infinitivo con el correspondiente adjetivo.

negar ●      ● auditivo

afirmar ●      ● activa

oír ●      ● olfativo

oler ●      ● negativo

sentir ●      ● afirmativa

actuar ●      ● sensitiva

- ¿Qué tienen en común los adjetivos de la lista anterior?

...................................................................................................

- En el texto del archivo 5 hay dos adjetivos terminados en **-iva** (o en su forma plural, **-ivas**). Búsquenlos y transcríbanlos.

...................................................................................................

- Completen la regla:

*Los adjetivos terminados en ........................ e ........................ se escriben con ........................*

# Los adjetivos terminados en *-ble*

• En el archivo 5, busquen tres adjetivos que terminen en **-ble** (o en su forma plural, **-bles**) y transcríbanlos.

• Para los siguientes sustantivos, escriban el adjetivo en **-ble** correspondiente.

amabilidad ⟶

miseria ⟶

estabilidad ⟶

posibilidad ⟶

• Completen la regla ortográfica correspondiente a este grupo de adjetivos.

Los adjetivos terminados en ........................ se escriben con ........................

• Todas las palabras de la siguiente lista tienen algo en común. Subráyenlo.

hablar        cable        sublime        bloque        blusa

• Completen la regla y agréguenle un ejemplo que no haya aparecido en esta página.

En toda palabra que tenga el sonido *bl*, antes de la letra *l* se escribe siempre ........................ Por ejemplo: ........................

• Escriban un aviso inmobiliario utilizando algunos adjetivos terminados en **-ble**.

# La descripción maravillosa

Los dragones de la suerte son de los animales más raros de Fantasía. No se parecen en nada a los dragones corrientes ni a los célebres que, como serpientes enormes y asquerosas, viven en las profundas entrañas de la tierra, apestan y vigilan algún tesoro real o imaginario. Estos engendros del caos son casi siempre perversos o huraños, tienen alas parecidas a las de los murciélagos, con las que pueden remontarse en el aire ruidosa y pesadamente, y escupen fuego y humo. En cambio, los dragones de la suerte son criaturas del aire y del buen tiempo, de una alegría desenfrenada y, a pesar de su colosal tamaño, ligeros como una nubecilla de verano. Por eso no necesitan alas para volar. Nadan por los aires del cielo lo mismo que los peces en el agua. Desde tierra, con sus ojos color rubí y su cabeza como la de un león, parecen relámpagos lentos. Y lo más maravilloso en ellos es su canto. Su voz es como el majestuoso repicar de una gran campana y, cuando hablan en voz baja, es como si se oyera el sonido de esa campana en la distancia. Quien escucha alguna vez su canto, no lo olvida en la vida y sigue hablando de él a sus nietos.

Michael Ende, *La historia interminable*. RBA Editores, Barcelona, 1993.

© **Estrada** – Escribir mejor 6.

# Adjetivos que terminan en *-oso / -osa*

• Observen las palabras destacadas en las siguientes frases extraídas de la descripción del archivo 6.

*…como serpientes enormes y **asquerosas**…*
*…pueden remontarse en el aire **ruidosa** y pesadamente…*
*Y lo más **maravilloso** en ellos es su canto.*
*Su voz es como el **majestuoso** repicar de una gran campana…*

• ¿Con qué consonante se escribe la terminación de estos adjetivos?

_____

• Escriban el adjetivo correspondiente a cada definición, en el género y el número solicitados.

Que siente temor ⟶ masculino singular    *temeroso*

Que produce horror ⟶ femenino plural

Que tiene hermosura ⟶ femenino singular

Que busca la amistad ⟶ masculino plural

Que tiene jugo ⟶ masculino singular

Que tiene valor ⟶ femenino plural

• Completen la regla ortográfica de estos adjetivos.

Los adjetivos terminados en _____, _____, _____ y _____ se escriben con _____

• Describan un ser fantástico utilizando por lo menos tres adjetivos terminados en **-oso / -osa**.

_____

_____

_____

© **Estrada** – Escribir mejor 6.

# Plural de palabras terminadas en z

• Completen las siguientes oraciones, cambiando el número de las palabras destacadas.

*Nadan por los aires del cielo lo mismo que los **peces** en el agua.*

*Nadan por los aires del cielo lo mismo que el .............. en el agua.*

*Su **voz** es como el majestuoso repicar de una gran campana…*

*Sus ………… son como el majestuoso repicar de una gran campana.*

• ¿Qué cambio se produce en las palabras que terminan en **z**, cuando pasan al plural? Completen la regla ortográfica, agregando dos ejemplos que no hayan aparecido en esta página.

Las palabras terminadas en ........................, al pasar
al plural se escriben con ........................
Ejemplos: ........................ y ........................

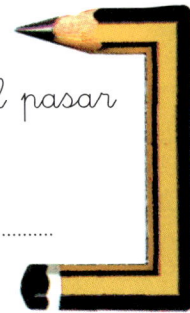

• Escriban, en singular o en plural, según corresponda, las palabras que los dibujos representan.

*Tomás, el explorador, se alejó del campamento en busca de animales exóticos.*

Vio un ........................ y le sacó una fotografía para después poder hacer una

descripción minuciosa del animal. Al ver la ........................ del flash, se acercaron más

........................ y Tomás aprovechó. Estaba ........................ .

Hasta ahora solo había logrado fotografiar ........................ . Ya oscurecía y

Tomás decidió volver. A lo lejos vio las

........................

del campamento.

© Estrada. Escribir mejor 6.

# Los diminutivos

• Lean la siguiente frase de la descripción del archivo 6.

*…a pesar de su colosal tamaño, (son) ligeros como una **nubecilla** de verano.*

• La palabra resaltada es un sustantivo al que se le agregó un sufijo que indica pequeñez. Transcríbanla y subrayen con un color la parte de la palabra que corresponde al sustantivo y con otro, la parte que corresponde al sufijo diminutivo.

▌ ..............................................................................................................

• ¿Qué otra terminación de diminutivos conocen? Agréguenla a la secuencia siguiente.

▌ *nube* ⟶ *nubecilla* ⟶ ..............................................

• Completen cada terminación de diminutivo con un sustantivo de la siguiente lista: *sol - flor - voces - amor - luces - canción - golpes - lápices.*

..........-cita       ..........-cilla       ..........-cito       ..........-cillo

..........-citas       ..........-cillas       ..........-citos       ..........-cillos

> Los **sufijos** son elementos que se agregan al final de una palabra y que modifican su significado. Por ejemplo: de **perro**: perr**azo**, perr**ito**, etcétera.

• Completen la regla ortográfica:

*Los diminutivos terminados en ................. , ................. ,*
*................. y ................. se escriben con .................*

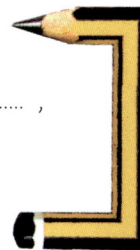

• Reescriban el siguiente texto reemplazando los sustantivos por sus correspondientes diminutivos.

*Aquellos búfalos púrpuras eran el doble de grandes que toros o vacas corrientes, tenían la piel cubierta de pelo largo de color púrpura, y unos cuernos formidables, de puntas duras y afiladas como puñales.*

M. Ende, *La historia interminable*. RBA Editores, Barcelona, 1993.

# Taller de escritura

Las **descripciones** son textos en los que se aporta información sobre cómo es algo o alguien: eso que se describe es el tema de la descripción. La descripción intenta que la persona que lee "conozca", a través de las palabras, lo que se describe. Por eso en las descripciones son muy importantes los adjetivos, que pueden ayudarnos a imaginar los distintos aspectos de aquello que se está describiendo: qué colores tiene, qué tamaño, cómo huele, cómo son sus movimientos, cómo son sus partes, etcétera.

• Elijan un tema de descripción. Puede ser un objeto, un lugar o una persona que conozcan o que tengan cerca.
- Escriban el nombre de ese objeto, ese lugar o esa persona, para que sirva de título a la descripción.

- Piensen, para el tema que eligieron, adjetivos que describan los distintos aspectos, y completen la lista siguiente:

**Color**: (rojo, azul, etcétera.)

**Dimensiones**: (chico, grande, amplio, pequeño, angosto, etcétera.)

**Olor/sabor/tacto**: (perfumado, maloliente, delicioso, áspero, suave, etcétera.)

**Forma de ser**: (agradable, anticuado, moderno, sonriente, malhumorado, etcétera.)

**Otros aspectos**:

© Estrada – Escribir mejor 6.

Una descripción nunca abarca todos los aspectos del tema. La persona que describe siempre realiza una selección, y transmite solamente las cosas que le parecen más destacables o importantes de lo que está describiendo.

• Del tema que eligieron para realizar una descripción, seleccionen aquellos aspectos que les parezcan más interesantes o necesarios para que el lector se imagine cómo es ese objeto, ese lugar o esa persona. Con esos aspectos, redacten la descripción. Pueden escribir primero uno o varios borradores y luego pasarla en limpio en esta página.

..............................................................................................................
..............................................................................................................
..............................................................................................................
..............................................................................................................

• Imaginen que el objeto, el lugar o la persona que describieron se transforman, por alguna extraña razón, en un ser muy diferente (por ejemplo, un dragón, un monstruo, un duende, un extraterrestre...). Escriban un texto que explique brevemente por qué y cómo ocurre la transformación, y que incluya una descripción del objeto, el lugar o la persona ya transformados.

..............................................................................................................
..............................................................................................................
..............................................................................................................
..............................................................................................................
..............................................................................................................
..............................................................................................................
..............................................................................................................

# Para corregirnos solos

Así resolvió Jésica la descripción de la página anterior.

> Todo el mundo hablaba de la famosa cosa volante.
> Esta es la mayor invención del momento.
> Grande como el mundo, magica como el sol. Por dentro es como cualquier cosa, con cama, baño, cocina y habitaciones, pero lo mas interesante es que tiene una pared con unos botones para señalar el rumbo de partida.
> Por fuera tiene unas gigantes alas para poder volar.

• Intenten corregir la ortografía del texto de Jésica, subrayando en color las palabras en que hay errores. Una ayuda: son tres. Transcriban a continuación esas palabras correctamente escritas.

• Reúnanse en grupos. Controlen si coinciden las palabras que marcó cada uno y fíjense cómo las reescribieron. Si quedan dudas, consulten con la maestra o con el diccionario.

• Realicen el mismo trabajo de corrección con la descripción que hicieron en la primera actividad de la página 53, marcando en ella todas las palabras con errores ortográficos que encuentren, y escribiéndolas aquí en forma correcta.

# Comprobación

• Transcriban las palabras destacadas y justifiquen el uso de las letras que están en color.

Pronto, alrededor de Bastián y de la Hija de la Luna, por encima y por debajo de ellos y por todos lados, la oscuridad aterciopelada se llenó de la **presencia** de plantas **luminosas** que germinaban y crecían. (...) Cada vez se abrían más capullos de flores llenas de **fragancia**, y todo aquel desarrollo se producía en medio de un **silencio** absoluto.

Al cabo de un rato, muchas plantas habían alcanzado ya la altura de girasoles, y algunas eran incluso tan grandes como árboles frutales. Había plumeros o pinceles de hojas largas de un verde esmeralda, o flores como colas de pavo real, llenas de ojos con los colores del arco iris. Y había ramilletes de flores como grandes racimos de farolillos azules y amarillos. En muchos sitios colgaban miles y miles de **florcitas** estrelladas, en cataratas brillantes como la plata. Y aquellas plantas nocturnas crecían cada vez más **admirables** y espesas, entrelazándose poco a poco para formar un magnífico tejido de suaves **luces**.

—¡Tienes que darle un nombre! —susurró la Hija de la Luna.

Bastián asintió, **pensativo**.

—Perelín, la Selva Nocturna —dijo.

M. Ende, *La historia interminable*. RBA Editores, Barcelona, 1993.

## ¿Qué aprendimos?

**Agreguen un ejemplo para cada caso estudiado en este capítulo. Marquen con una cruz los temas que todavía deben seguir repasando.**

| | Ejemplo | Repasar |
|---|---|---|
| • Sustantivos terminados en **-ancia** / **-encia** y **-cio**. | ......................... | ...... |
| • Grupos **mb** / **nv**. | ......................... | ...... |
| • Adjetivos terminados en **-ivo** / **-iva**, **-ble** y **-oso** / **-osa**. | ......................... | ...... |
| • Plural de palabras terminadas en **z**. | ......................... | ...... |
| • Ortografía de diminutivos. | ......................... | ...... |

# Sobre enigmas, signos, reportajes y algo más

- Uso de signos de puntuación:
  - raya de diálogo;
  - punto;
  - coma;
  - comillas.

# El enigma
# policial

# El reportaje

# El enigma policial

## Los casos de Oreste Lemental

### Tras los pasos del ladrón goloso

En la heladería, Nito iba por la mitad de un cucurucho. De repente sintió que alguien se lo sacaba de la mano: era su abuelo, Oreste.

—Vamos, nene —le dijo—, tenemos otro caso.

Ya en el auto, Nito descubrió que Lemental no tenía el helado en la mano.

—Un poco floja la vainilla —comentó Oreste.

En una casa del centro los recibió el inspector Pelele.

—Gracias por venir —les dijo—. Aquí nos dejó un mensaje desafiante Octavio Froso, el ladrón goloso.

—¿Goloso? —preguntó Nito.

—Es que se dedica a robar quioscos —explicó el inspector.

—¿Vemos el mensaje? —propuso Oreste.

Los tres se dirigieron hacia una pared, sobre la que se había escrito: **"Ni 2359 agentes podrán detenerme, ni 2359 detectives adivinarán mis próximos pasos"**.

—¿Cuándo cometió su último robo? —preguntó Nito.

—El 8 de mayo —contestó Pelele.

—¿Y antes? —intervino Lemental.

—El 8 de marzo y el 8 de febrero.

—Elige el octavo día del mes haciendo honor a su nombre... —comentó Nito.

—¡Bien, nene! —felicitó Oreste—. Y en el mensaje nos avisa con total exactitud cuándo tenemos que esperar su próximo robo...

**Y ustedes, lectores, ¿pueden deducir, a partir del mensaje en la pared, cuándo cometerá el próximo robo el ladrón goloso?**

*Revista La Nación*, 14 de febrero de 1999 (adaptación).

Cometerá el robo el 8 de septiembre. El número del mensaje indica el mes de cada asalto: 2 (febrero, segundo mes de año), 3 (marzo), 5 (mayo) y 9 (septiembre).

# La raya de diálogo

• Busquen las primeras palabras que dice Oreste Lemental en el enigma del archivo 7. ¿Qué signo de puntuación aparece adelante de la frase?

**Cuando se transcribe un diálogo, es común que el narrador tenga que aclarar quién dice cada cosa, o hacer comentarios sobre la forma en que se dijeron esas palabras.**

• En el siguiente fragmento del archivo, subrayen con azul las palabras que dicen los personajes y con rojo las aclaraciones del narrador.

—Gracias por venir —les dijo—. Aquí nos dejó un mensaje
desafiante Octavio Froso, el ladrón goloso.
—¿Goloso? —preguntó Nito.
—Es que se dedica a robar quioscos —explicó el inspector.

• ¿Qué signo separa las intervenciones del narrador de las palabras de los personajes?

• Ese signo, ¿aparece otras veces en el texto? ¿Qué indica?
Marquen lo que corresponda en la siguiente regla.

Las rayas de diálogo marcan

○ lo que piensa cada personaje.
○ el final de cada oración.
○ las palabras que dicen los personajes.
○ las aclaraciones del narrador en medio de un diálogo.

• Una de las principales virtudes de un detective es la buena memoria. Intenten recordar un diálogo reciente en el que hayan intervenido, o que hayan escuchado, y escríbanlo en una hoja aparte. Intercalen, entre las palabras de los protagonistas, las aclaraciones necesarias.

© **Estrada** – Escribir mejor 6.

# Los verbos de decir

• En la siguiente oración extraída del enigma del archivo 7, aparece una forma conjugada del verbo *decir*. Subráyenla.

—*Vamos, nene —le dijo—, tenemos otro caso.*

**En el ejemplo anterior, el verbo *dijo* es una aclaración del narrador para indicar quién habla. Aparte de *decir*, existen muchos otros verbos que indican la forma en que se habla, la entonación o la intención con que se dice una cosa. A ese grupo de verbos se los llama *verbos de decir*.**

Algunos de los **verbos de decir** son: *preguntar - llamar - murmurar - exclamar - comentar - gritar.*

• Busquen y transcriban, del texto de archivo, todos los **verbos de decir** que encuentren. (Una ayuda: todos están entre las palabras que dice el narrador.)

| | | | |
|---|---|---|---|
| | | | |

| | | | |
|---|---|---|---|
| | | | |

• En la siguiente lista de verbos de decir, marquen con rojo los que indican un tono de voz y con azul los que se usan para expresar una opinión o un sentimiento.

criticar      exclamar      quejarse      susurrar      murmurar

sugerir      felicitar      retar      gritar      alabar

• Completen el texto siguiente, agregando los verbos de decir faltantes.

—*¡Chicos, vengan! —* ........................ *Silvia, la mamá de Matías.*

—*¿Habrá pasado algo? —le* ........................ *David a Matías, mientras caminaban hacia la cocina.*

—*Hola, chicos —los* ........................ *, y después*

........................ *lentamente: —Tengo algo que preguntarles…*

—*Dale, preguntá nomás —* ........................ *Matías.*

—*¿Ustedes —* ........................ *— se comieron todo el dulce de leche?*

*Matías y David se miraron con complicidad y algo de culpa.*

—*Ehhhh… —* ........................ *Matías —, ¿por qué pensás eso…?*

© Estrada · Escribir mejor 6

# La aposición

- Lean las siguientes frases del enigma del archivo 7.

*(…): era su abuelo, **Oreste**.*
*Aquí nos dejó un mensaje desafiante Octavio Froso, **el ladrón goloso**.*

- ¿Qué función tienen las palabras destacadas? Marquen lo que corresponda.

○ *Repetir algo que ya se dijo.*

○ *Agregar información aclaratoria.*

○ *Llamar la atención del interlocutor.*

**Se llama *aposición* a la aclaración que se realiza para agregar información sobre el sujeto de una oración. Por ejemplo, en la oración "Juan, mi vecino, es verdulero", la aposición "mi vecino" realiza una aclaración (o agrega información) sobre el sujeto "Juan".**

- En las siguientes oraciones, subrayen con color las aposiciones.

*Sultán, mi perro, ladra descontroladamente.*
*Ayer fui al cine con Lucas, un compañero de la escuela.*
*Analía, la hermana de Lucas, tiene ocho años.*

- ¿Qué signo de puntuación separa a la aposición del resto de la oración?

- Completen la siguiente regla de puntuación:

Para separar una aposición del resto de la oración, se utiliza ................................. Ejemplo: .................................
.................................................................................................

- Escriban en una hoja aparte un diálogo breve entre un perro y un gato, que incluya al menos dos aposiciones.

© **Estrada** – Escribir mejor 6.

# El reportaje

## Un "guaso" en bicicleta

En todo el país hay unos cuatro millones y medio de ciclistas. Y aunque en la capital están muy promocionadas, Córdoba sigue siendo la ciudad con más kilómetros de bicisendas. En el siguiente reportaje, el músico cuartetero cordobés Carlos "La Mona" Jiménez explica cómo es su relación con la "bici".

**—¿La bicicleta ocupa un lugar importante en tu vida?**

—Sí. Mi relación con la bicicleta es una relación amorosa. Así como algunos andan todo el día con el fútbol bajo el brazo, yo ando con la "bici".

**—¿Cómo es tu bicicleta?**

—La mía es una "bici" re-picante, cromadita, toda plateada y hace como seis años que salimos a pedalear juntos. Siempre ella, yo y el Pochi Bustos, que es uno de mis mejores amigos.

**—¿Con qué frecuencia salís a pedalear?**

—Tratamos de andar tres veces por semana, pero no siempre puedo. A veces, los bailes me tienen tan ocupado que no llego a subirme.

**—¿Qué ropa usás cuando vas en bicicleta?**

—Me disfrazo: calzas y camiseta de colores, casco y anteojos. Al principio, me ponía los espejados para que no me reconocieran, pero hace tanto que pedaleo que los "vagos" ya se avivaron y, cuando paso, me gritan: "¡Mona, ¿qué te 'hacéi' el deportista? ¡Bajate de ahí!"

**—¿Por qué te gusta bicicletear?**

—Ando en "bici" porque para mí es un "hobby" hermoso y porque, como todos tenemos nuestros dramas, dar vueltas te ayuda a despejar la cabeza.

**—¿Cuál es tu recorrido?**

—Recorro Saldán, Río Ceballos y Unquillo, donde hay una bajada en la que levanto hasta 70 kilómetros por hora. Si ando bien, pedaleo 60 kilómetros, vuelvo renovado y eso me da una mano con el estado físico, para poder saltar como salto en los bailes.

**—Entonces, ¿la bicicleta te ayuda a bailar más?**

—Claro. Todo el mundo se pregunta: "¿Cómo hace el 'guaso'?" Y yo respondo: "El 'guaso' anda en 'bici'".

Revista *Viva*, 27 de diciembre de 1998 (adaptación).

© **Estrada** – Escribir mejor 6.

# El punto

El *punto* es un signo que tiene diferentes funciones. La más importante es la de marcar, dentro de un texto, la finalización de oraciones y párrafos.

• Unan con flechas los términos con las definiciones correspondientes.

Sangría ●      ● Signo que separa una oración de la siguiente, dentro de un párrafo.

Punto y aparte ●      ● Espacio vacío que marca el comienzo de un párrafo.

Punto seguido ●      ● Signo que marca el final de un párrafo.

Se llama **oración** al conjunto de palabras con unidad de sentido. Se llama **párrafo** a una o más oraciones que hablan del mismo tema.

• En los siguientes fragmentos del texto de archivo 8, marquen con rojo los puntos seguido, con verde la sangría y con azul los puntos y aparte.

*En todo el país hay unos cuatro millones y medio de ciclistas. Y aunque en la capital están muy promocionadas, Córdoba sigue siendo la ciudad con más kilómetros de bicisendas. En el siguiente reportaje, el músico cuartetero cordobés Carlos "La Mona" Jiménez explica cómo es su relación con la "bici".*

*—¿La bicicleta ocupa un lugar importante en tu vida?*

*—Sí. Mi relación con la bicicleta es una relación amorosa. Así como algunos andan todo el día con el fútbol bajo el brazo, yo ando con la "bici".*

• Fíjense en el texto de archivo, y respondan: Cuando una oración o párrafo termina con un signo de pregunta o de exclamación, ¿se agrega punto? Completen la siguiente regla de puntuación.

Cuando una oración termina con signos de pregunta o de exclamación, ..................... debe agregarse punto.

# Los usos de las comillas

Las *comillas* son signos de puntuación que se utilizan para destacar determinadas palabras dentro de un texto. En el reportaje, por ejemplo, aparecen destacadas entre comillas las palabras "vagos" y "hobby". En ese caso, se destacaron esas palabras porque pertenecen a una forma de hablar regional, es decir propia de una determinada zona del país, o por pertenecer a otro idioma.

• Relean el reportaje del archivo 8 y escriban una lista de todas las palabras y frases que aparecen entre comillas.

.........................................................................................................................................
.........................................................................................................................................
.........................................................................................................................................
.........................................................................................................................................
.........................................................................................................................................
.........................................................................................................................................

• A continuación aparecen algunos casos de palabras o frases que suelen destacarse entre comillas. Escriban, para cada caso, un ejemplo de la lista que hicieron arriba.

Se usan comillas para destacar:

Palabras de uso regional: ........................................................

Palabras en un idioma extranjero: ........................................................

Palabras y expresiones de lenguaje informal: ........................................................

Apodos: ........................................................

Palabras o frases que se repiten tal cual fueron dichas: ........................................................

........................................................

• Algunas palabras aparecen, dentro del reportaje, destacadas con comillas simples (' ') en vez de comillas dobles (" ").Transcriban dos oraciones en que la misma palabra aparezca destacada con signos distintos.

• Transcriban del reportaje del archivo 8 las palabras o frases que aparezcan destacadas con comillas simples.

• ¿Por qué les parece que en esos casos se utilizaron las comillas simples en lugar de las comillas dobles?

• Completen la siguiente regla:

Cuando la palabra o frase que lleva comillas está dentro de una oración que ya las tiene, en lugar de ........................................................ se utilizan ........................................................

• Agreguen, en el siguiente reportaje, las comillas en donde sea necesario.

—**Señor Súperman: ¿todos lo llaman así?**

—*No, en el barrio me dicen Pepe.*

—**Usted tiene fama de ser un gentleman, un caballero. ¿Eso no le trae problemas cuando enfrenta a los criminales?**

—*Para nada. Mi madre siempre me decía: Los buenos modales son importantísimos. Así que cuando, por ejemplo, persigo a un chorro, lo primero que le digo, antes de atraparlo, es: Buenas tardes.*

# La coma para enumerar

Se llama *enumeración* al listado de tres o más elementos que forman parte de un conjunto mayor. Por ejemplo:

*La Patagonia es una región de la Argentina compuesta por varias* **provincias**: *Río Negro, Chubut, Santa Cruz y Tierra del Fuego.*

palabra englobadora          elementos enumerados

• En el siguiente fragmento del archivo 8 aparece una enumeración de las características de la bicicleta de "La Mona" Jiménez.

*La mía es una "bici" re-picante, cromadita, toda plateada…*

• Subrayen los elementos que forman parte de la enumeración anterior.

• ¿Qué signo de puntuación separa los elementos enumerados?

• Completen la regla:

*Para separar los elementos de una ............................................... se utiliza ........................*

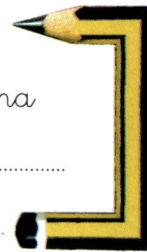

El último elemento de una enumeración puede aparecer separado del anteúltimo por una **coma** o por la palabra **y**. Por ejemplo:

*Entre las golosinas, me gustan especialmente los caramelos, los confites, los chocolates.*

*Entre las golosinas, me gustan especialmente los caramelos, los confites y los chocolates.*

Si no aparece la **y** antes del último elemento, se sobreentiende que la enumeración no está completa; es decir que se enumeran solo algunos de los elementos.

• Reescriban en una hoja aparte el siguiente texto, agregándole enumeraciones.

*En mi casa hay muchos animales. En especial, me gustan los perros porque tienen excelentes cualidades. Los gatos, en cambio, son distintos.*
*Si fuera posible, llevaría a casa, como mascotas, animales más raros.*

# La coma para aclarar

• Lean los siguientes fragmentos extraídos del reportaje del archivo 8.

*Siempre ella, yo y el Pochi Bustos, **que es uno de mis mejores amigos**.*
*Ando en bici porque para mí es un "hobby" hermoso y porque, **como todos**
**tenemos nuestros dramas**, dar vueltas te ayuda a despejar la cabeza.*

• ¿Qué función tienen, dentro de esas oraciones, las expresiones destacadas? Marquen con una cruz la respuesta correcta.

○ *Introducir palabras de otra persona.*

○ *Hacer una aclaración.*

○ *Narrar acciones.*

• ¿Qué signo separa las expresiones marcadas del resto de la oración?

• Completen la regla de puntuación, agregándole un ejemplo.

Se utiliza ........................... para separar una
aclaración del resto de la oración.
Ejemplo: ...........................

• Completen los espacios en blanco con aclaraciones. Recuerden agregar las comas que sean necesarias. Una ayuda: pueden iniciar las aclaraciones con palabras como **que**, **cuando**, **porque**.

*José* ........................... *y yo fuimos a jugar un partido*

*de fútbol. Ricardo* ........................... *no podía venir. Al final,*

*perdimos, pero igual nos quedamos contentos* ...........................

*Dentro de tres días* ........................... *vamos a*

*volver a jugar.*

© **Estrada** – Escribir mejor 6.

# Taller de escritura

Un **diálogo** es una conversación entre dos o más personas. Si uno dialoga consigo mismo, esa conversación se llama **monólogo**. Los diálogos son orales, pero pueden escribirse y pasar a formar parte de un texto escrito. Cuando se escriben, los diálogos requieren una serie de marcas (como las rayas de diálogo) y aclaraciones que indiquen quién dice cada cosa. Es frecuente que los diálogos no aparezcan en forma independiente, sino como parte de otro tipo de textos: cuentos, historietas, descripciones, etcétera.

Los diálogos se caracterizan porque los roles de *emisor* (la persona que habla, que emite el mensaje) y *receptor* (la *persona* que escucha, que recibe el mensaje) se intercambian, alternadamente, entre los participantes. Por ejemplo:

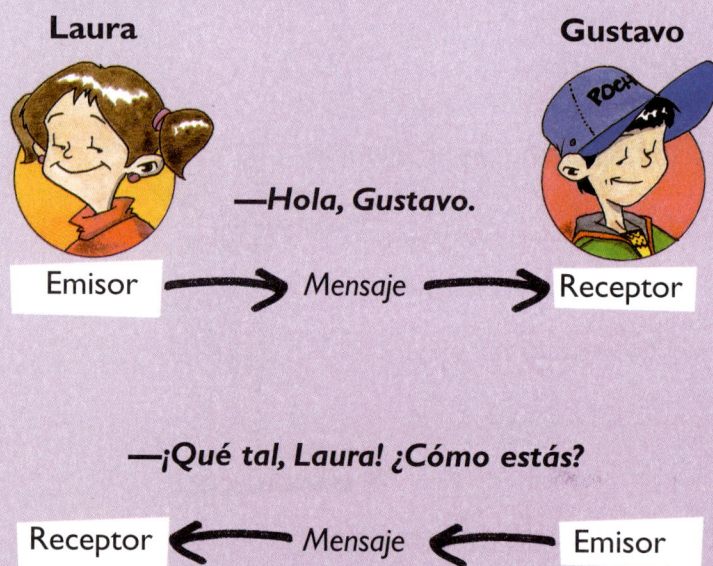

**Laura**                                    **Gustavo**

*—Hola, Gustavo.*

| Emisor | → | *Mensaje* | → | Receptor |

*—¡Qué tal, Laura! ¿Cómo estás?*

| Receptor | ← | *Mensaje* | ← | Emisor |

Como muestra el esquema, Laura es emisora en el primer momento del diálogo (cuando ella saluda a Gustavo) y receptora luego (cuando Gustavo la saluda). Por el contrario, Gustavo empieza como receptor y luego pasa a ser emisor. Este esquema se repite muchas veces a lo largo de un diálogo: en él, por lo general, todos los participantes toman la palabra, por turnos.

© Estrada – Escribir mejor 6.

• Escriban un enigma que incluya un diálogo. Para eso, sigan las instrucciones que figuran a continuación.

1. Piensen cuál es el enigma, es decir qué es lo que el detective o investigador tendrá que descubrir. Por ejemplo: "¿Quién se comió la última porción de torta?" Esa pregunta puede servir como título del texto.

2. Piensen el nombre del detective y el de los sospechosos (por lo menos dos). Uno de los sospechosos será el culpable.

3. Piensen qué pistas puede seguir el investigador para develar el enigma. Por ejemplo: dedos manchados de chocolate, huellas, una nota firmada por uno de los sospechosos, una coartada que "salve" a todos los sospechosos menos a uno, etcétera.

4. Cuando tengan todo listo, comiencen a escribir en una hoja el primer borrador del texto. Puede tener un narrador que cuente lo que sucede, pero es importante que además se incluya el diálogo entre el detective y los sospechosos.

5. Escriban la respuesta al enigma en una hoja separada del borrador. Intercámbiense los enigmas con un compañero, e intenten descubrirlo. Si es demasiado difícil o excesivamente fácil de descubrir, hagan las modificaciones necesarias y pásenlo en limpio, cuidando especialmente la ortografía del diálogo.

• Realicen un reportaje a una persona mayor que conozcan. Para eso:

1. Preparen, en primer lugar, un cuestionario con diez preguntas que le harían, sobre su vida y sobre las diferencias entre la época actual y la de hace tiempo.

a -

b -

c -

d -

e -

f -

g -

h -

i -

j -

2. Organicen un encuentro. Para registrar las respuestas, pueden utilizar un grabador (si tienen o consiguen uno) o tomar apuntes.

3. Cuando tengan todo el material, pueden pasarlo en limpio en forma de diálogo y corrigiendo la ortografía.

© Estrada – Escribir mejor 6.

• Escriban una entrevista fantástica. Para eso elijan, en primer lugar, dos personajes históricos o de ficción (por ejemplo, Cristóbal Colón y Batman): uno será el entrevistador y otro el entrevistado. Luego escriban la entrevista, teniendo en cuenta los siguientes pasos:

1. Consideren las características de los personajes.

2. Imaginen qué preguntarían y qué responderían en cada caso.

3. Comiencen el relato con una breve introducción que explique cómo y dónde se encontraron.

*Entrevistador:*

*Entrevistado:*

# Para corregirnos solos

El siguiente texto de Josefina fue corregido siguiendo una clave de corrección; es decir, se utilizó un signo distinto para cada tipo de errores.

• Lean el texto detenidamente y, como buenos detectives, descifren el significado de cada signo. Una ayuda: los signos pueden indicar errores de tildación, de puntuación, de separación de palabras, letras o palabras sobrantes o faltantes y letras incorrectas.

Un famoso barco que iba hacia Europa naufragó después de una gran tormenta. No se sabe si hubo más de un sobreviviente, lo único que se supo fue unos meses después del naufrago, un sobreviviente que volvió traido por otro barco y contó sus aventuras en una isla cercana al lugar del accidente.

-Cuando me desperté eme encontraba sobre la playa, dijo el hombre.

-Yo sé cómo llegué ahí, lo que sí recuerdo es que nabién me paré y me puse a caminar tropeze con algo duro que rodó por la arena. Era una botella y en su interior tenían un mensaje. Cuando

• Completen el significado de cada símbolo de la clave de corrección.

◇ ........................................     ◇ ........................................

∿ ........................................     ∿ ........................................

◯ ........................................     ◯ ........................................

• Cotejen con sus compañeros o con la ayuda de la maestra si completaron bien la clave.

• Ahora, reescriban en una hoja aparte el texto de Josefina, corrigiendo los errores.

# Comprobación

• En el siguiente reportaje al músico Antonio Tarragó Ros, completen los signos de puntuación faltantes.

—¿Le gustaría ser gobernador de Corrientes?

—Sí, me encantaría

—¿Cuál sería su primera medida?

Trasladaría Río de Janeiro la capital del carnaval a Corrientes. Así el carnaval sería correntino, con guainas de Ipanema y todo…

¿Y sus primeras obras de gobierno?

Garantizaría chipá paz y trabajo para todos. Crearía una universidad del chamamé en Mbucuruyá y un río Paraná sin represas, para salvar el agua la fauna y la flora.

—¿Impulsaría un festival del tipo de Cosquín pero del chamamé?

—Sí, sería en Curuzú Cuatiá… y se llamaría ¡Aquí… Curuzú Cuatiá!

¿Cuál sería la frase más repetida en sus discursos?

—"¡No empujen, chamigos!"

• Elijan cinco de los signos de puntuación que agregaron y comenten por qué lo hicieron, en cada caso.

---

## ¿Qué aprendimos?

**Este cuadro es para control personal de ustedes. Indiquen en él los temas de este capítulo que todavía deben seguir practicando.**

- Uso de la raya de diálogo. ◯
- Uso de las comillas. ◯
- Uso del punto seguido y del punto y aparte. ◯

- Uso de la coma:
  - para la aposición ◯
  - para enumerar ◯
  - para aclarar. ◯

# Todas las reglas

En este cuadro van a encontrar todas las reglas presentadas en este libro, y también las que aparecen en el *Escribir Mejor 4* y el *Escribir Mejor 5*. Al costado de cada regla se indican el libro y la página en donde pueden encontrarla.

## Uso de grafemas

| Se escribe: | En los siguientes casos: | Ejemplos: | Libro | Página |
|---|---|---|---|---|
| **B** | Después de **m**. | cambio - rombo | EM4 EM6 | p. 13 p. 45 |
| | La terminación **-aba** de los verbos de 1° conjugación en tiempo pretérito imperfecto del indicativo. | caminaba - llorabas | EM6 | p. 9 |
| | Los adjetivos terminados en **-ble**. | amable - considerable | EM6 | p. 47 |
| | Antes de **l**. | cable - hablar | EM6 | p. 47 |
| | Las palabras que comienzan con las sílabas **bu**, **bur** y **bus**. | buque - busca | EM5 | p. 55 |
| | A continuacún de las sílabas **ta**, **te**, **ti**, **to**, **tu** en los sustantivos. | tubería - tablón | EM5 | p. 11 |
| **C** | Las palabras terminadas en **-ción** que tienen en su familia una palabra terminada en **-tor** o **-dor**. | canción - creación | EM6 | p. 16 |
| | Las terminaciones **-ancia** y **-encia** de los sustantivos. | elegancia - paciencia | EM6 | p. 43 |
| | Las palabras terminadas en **-cio**. | precio - recio | EM6 | p. 44 |
| | El plural de las palabras terminadas en **z**. | luces - veces | EM6 | p. 50 |
| | Los diminutivos terminados en **-cito**, **-cita**, **-cillo** y **-cilla**. | lucecita - florcilla | EM5 EM6 | p. 14 p. 51 |
| **G** | Los verbos cuyo infinitivo termina en **-gir**, delante de e o i. | exigimos - corrige | EM5 EM6 | p. 15 p. 15 |
| | El grupo **gen**. | gentil - ingenio | EM5 | p. 53 |
| **H** | Las palabras que comienzan con los diptongos **hie** y **hue**. | hueso - hielo | EM5 | p. 13 |

| Se escribe: | En los siguientes casos: | Ejemplos: | Libro | Página |
|---|---|---|---|---|
| **J** | Las palabras terminadas en **-aje**. | *traje - anclaje* | EM5 | p. 56 |
| **LL** | Los verbos **llevar**, **llegar**, **desarrollar**, **llamar** y sus formas conjugadas. | *llamaré - lleva* | EM6 | p. 13 |
| **R** | Al final de una sílaba (sonido suave). | *cantor - puerta* | EM4 | p. 29 |
| | Después de **l, n** y **s** (sonido fuerte). | *alrededor - enredo* | EM4 | p. 29 |
| | Al comienzo de una palabra (sonido fuerte). | *rápido - rumor* | EM4 | p. 29 |
| **RR** | Entre dos vocales (sonido fuerte). | *perro - arroja* | EM4 | p. 29 |
| **S** | Las palabras terminadas en **-sión** que tienen en su familia una palabra terminada en **sa, so** o **sivo**. | *tensión - expansión* | EM6 | p. 17 |
| | Los adjetivos terminados en **-oso / -osa**. | *hermosa - goloso* | EM6 | p. 49 |
| **V** | Después de **n**. | *envase - convidar* | EM4 EM5 EM6 | p. 13 p. 10 p. 45 |
| | Los verbos formados a partir de **-vivir**, **-volver**, **-visar** y **-vertir**. | *diviértanse - revive* | EM6 | p. 12 |
| | Los adjetivos terminados en **-ivo / -iva**. | *destructivo - pasiva* | EM6 | p. 46 |
| | Después de las sílabas **lla-**, **lle-**, **llo-** y **llu-**. | *llave - llovizna* | EM5 | p. 9 |
| **Y** | Algunas formas conjugadas de los verbos **caer** y **haber**. | *cayó - haya* | EM6 | p. 13 |
| | Algunas formas de los verbos cuyo infinitivo termina en **-uir** reemplazan la **i** por **y**. | *construye - huyamos* | EM5 | p. 51 |

# Tildación

| Tema: | Regla: | Ejemplos: | Libro | Página |
|---|---|---|---|---|
| **Palabras esdrújulas** (´ _ _) | Las palabras esdrújulas siempre se tildan. | *árboles - rápido* | EM4 EM5 EM6 | p. 41 p. 41 p. 28 |
| **Palabras agudas** (_ _ ´) | Las palabras agudas terminadas en **n, s** o **vocal** llevan tilde. | *común - jamás - así* | EM4 EM5 EM6 | p. 42 p. 41 p. 28 |
| **Palabras graves** (_ ´ _) | Las palabras graves terminadas en consonante que no sea **n** ni **s** llevan tilde. | *cráter - lápiz* | EM4 EM5 EM6 | p. 43 p. 41 p. 28 |
| **Monosílabos** | No llevan tilde, salvo cuando es necesario diferenciar entre dos monosílabos iguales. | *dé - de* *té - te* | EM5 EM6 | p. 37 p. 29 |
| **Tildación por hiato** | Cuando existe hiato entre una vocal abierta (**a, e, o**) y una cerrada (**i, u**), la vocal cerrada se tilda. | *sonríe - oía - actúa* | EM5 EM6 | p. 43 p. 32 |
| **Adverbios terminados en -mente** | Llevan tilde si el adjetivo que les sirve de base se tilda. | *útilmente - locamente claramente - ágilmente* | EM6 | p. 33 |
| **Pronombres interrogativos** | Siempre se tildan. | *qué - cuánto - quién* | EM5 | p. 29 |
| **Verbos graves + pronombre** | Cuando se agregan pronombres a los verbos graves, la palabra se tilda por quedar esdrújula. | *sígalo - dígame* | EM6 | p. 34 |
| **Verbos agudos + pronombre** | Cuando se agregan pronombres a los verbos agudos, se quita la tilde que tenían por quedar como palabras graves terminadas en vocal. | *fíjate - tomalo* | EM6 | p. 35 |

# Puntuación

| Se usa: | En los siguientes casos: | Ejemplo: | Libro | Página |
|---------|--------------------------|----------|-------|--------|
| **.** | Al final de cada oración. | *Hola, chicos.* | EM4<br>EM6 | p. 51<br>p. 63 |
| **,** | Para separar un vocativo del resto de la oración. | *Les pido, amigos, que me crean.* | EM5 | p. 23 |
| | Para encerrar una aposición. | *Ruperto, el verdulero, es mendocino.* | EM6 | p. 61 |
| | Para separar los elementos de una enumeración. | *Comprá caramelos, chicles, chocolates.* | EM6 | p. 66 |
| | Para encerrar una aclaración. | *El corredor llegó, cansado pero contento, a la meta.* | EM6 | p. 67 |
| **Mayúsculas** | Al comienzo de cada oración. | *Todos reímos.* | EM4 | p. 51 |
| | En los sustantivos propios. | *Mario - Londres - Asia* | EM5 | p. 38 |
| **¿ ?** | Al comienzo y al final de una pregunta. | *¿Quién vino?* | EM4 | p. 55 |
| **¡ !** | Al comienzo y al final de una exclamación. | *¡No puede ser!* | EM5 | p. 25 |
| **( )** | Para encerrar una aclaración incidental. | *Juan (mi hermano) tiene ocho años.* | EM4 | p. 56 |
| **—** | Antes de cada intervención, en un diálogo. | *—Estoy de acuerdo.*<br>*—Yo también.* | EM5<br>EM6 | p. 24<br>p. 59 |
| **" "** | Para encerrar títulos de capítulos, artículos, poemas y cuentos. | *Lean el capítulo "Las hormigas" del libro.* | EM4 | p. 57 |
| | Para destacar palabras de uso regional, expresiones de lenguaje informal, palabras en idioma extranjero, apodos. | *Lo dejó "knock-out". Pedro es un "langa".* | EM6 | p. 64 |
| | Para citar textualmente palabras de otro. | *Ella me dijo: "¿Vamos al cine?"* | EM6 | p. 64 |
| **' '** | Para destacar una palabra o frase dentro de una oración que ya está entre comillas. | *Como dice el refrán: "Al que nace barrigón, es al 'ñudo' que lo fajen".* | EM6 | p. 65 |

# *Para escribir cada vez mejor*

## Consejos para autocorregir un texto

**Conocer las reglas ortográficas ayuda a mejorar la ortografía, pero no necesariamente evita que tengamos errores. Para terminar el libro, les damos algunos consejos y ejercicios que pueden poner en práctica para escribir mejor.**

- Antes de escribir un texto, conviene planificar mentalmente su extensión aproximada, su estructura y su contenido. Así, si ya se sabe **qué** se va a escribir, es más fácil concentrarse durante la escritura en **cómo** se está escribiendo, y evitar errores.

Siempre que sea posible, escriban primero un borrador. Y al terminar, relean todo lo que escribieron, "rastreando" los posibles errores.

- El **contenido** del texto debe ser claro, sin "lagunas"; el lector tiene que poder entenderlo. Asegúrense de explicar todo lo necesario y de no cambiar de tema abruptamente o "irse por las ramas".

- Los **grafemas**: si tienen dudas sobre la ortografía de una palabra, a veces es muy útil pensar en otras palabras de la misma familia. Si recordamos cómo se escribe alguna de ellas, es muy probable que el resto de la familia de palabras se escriba de manera semejante. Por ejemplo, si no recordamos si *verdulero* se escribe con *b* o con *v*, es suficiente que recordemos la ortografía de *verdura* o de *verde* para salir del apuro.

- La **tildación**: para corregir la tildación, separen mentalmente en sílabas las palabras dudosas y, si no son uno de los casos especiales, tíldenlas según las reglas generales de tildación de palabras agudas, graves y esdrújulas.

- Para corregir la **puntuación**, lean en voz alta (o mentalmente) las oraciones completas, y revisen si los signos están de acuerdo con las pausas y entonaciones necesarias al decir la oración. Si quieren seguir un orden, pueden revisar primero la separación en párrafos, la sangría y las mayúsculas; después, el uso de punto seguido para cortar oraciones; finalmente, el uso de coma, punto y coma, paréntesis, etcétera.

© **Estrada** – Escribir mejor 6.

# Y además…

## • La lectura

Cuantas más veces vemos escrita una palabra, más fácil es recordarla en el momento de escribir. Por eso, leer gran cantidad y variedad de textos es una manera placentera y eficaz de mejorar la propia escritura.

## • El autodictado

A partir de un texto cualquiera, memoricen la primera oración y, sin ver el texto original, cópienla en una hoja aparte. Continúen, oración por oración, autodictándose el texto, y al final cotejen la ortografía con el original. Cuando encuentren un error, intenten ver qué regla olvidaron.

Si disponen de un grabador, pueden grabar ustedes mismos el texto que tienen que escribir y luego *desgrabarlo*, es decir, escribirlo al dictado desde el grabador.

## • El corrector informático

Si tienen acceso a una computadora con procesador de textos, pueden utilizarla para escribir o pasar en limpio un texto y aplicar sobre él el corrector ortográfico que aparece, por lo general, en la barra de herramientas. El corrector señalará todas las palabras que no reconozca, dando las opciones más cercanas para corregirla.

## • La revisión cruzada

Intercambien textos propios con un compañero para corregirlos. Encontrar los errores en un texto de otro es un buen ejercicio para aguzar la "mirada correctora". Cuando reciban su propio texto corregido, presten atención a las palabras en las que se equivocaron. Pueden practicar también corrigiendo textos que hayan escrito con anterioridad.

## • Un diccionario personal

En unas hojas ordenadas alfabéticamente (puede ser un índice telefónico) escriban, sin errores, todas aquellas palabras que les generan dudas ortográficas. Lleven con ustedes ese diccionario, para consultarlo en el momento de escribir y evitar así "tropezar dos veces con la misma piedra". A medida que consultan, las dudas irán desapareciendo.

## • La búsqueda de errores

Diariamente vemos, en la calle, en los diarios o en la televisión, textos, carteles y publicidades. Muchas veces se pueden detectar en ellos errores ortográficos. Intenten hacerlo.

Segunda edición.
Esta obra se terminó de imprimir en octubre de 2000,
en los talleres de Ángel Estrada y Cía. S.A., Ruta 205, km 42,180,
Carlos Spegazzini - provincia de Buenos Aires, Argentina.